Exercícios d'alma

Rocco

Nilton Bonder
Exercícios d'alma

A CABALA
COMO SABEDORIA
EM MOVIMENTO

Copyright © 1999 by Nilton Bonder

Direitos desta edição reservados à
EDITORA ROCCO LTDA.
Av. Presidente Wilson, 231 – 8º andar
20030-021 – Rio de Janeiro – RJ
Tel.: (21) 3525-2000 – Fax: (21) 3525-2001
rocco@rocco.com.br
www.rocco.com.br

Printed in Brazil/Impresso no Brasil

preparação de originais
ELISABETH LISSOVSKY

CIP-Brasil. Catalogação na fonte.
Sindicato Nacional dos Editores de Livros, RJ.

B694e Bonder, Nilton
Exercícios d'alma: a Cabala como sabedoria em movimento/ Nilton Bonder. – Rio de Janeiro: Rocco, 2010.

ISBN 85-325-1039-6

1. Cabala – Meditações. 2. Exercícios espirituais. I. Título. II. Título: A Cabala como sabedoria em movimento.

99-1044

CDD–296.16
CDU–296.65

O texto deste livro obedece às normas do
Acordo Ortográfico da Língua Portuguesa.

HESSED
EXPANSÃO חסד

G'VURA
CONTRAÇÃO גםזרה

TIFERET
EQUILÍBRIO תפארת

NETSAH
PERMANÊNCIA נצח

HOD
REFINAMENTO הוד

IESSOD
ESSÊNCIA יסוד

MAL'HUT
SEGURANÇA מלכות

INTRODUÇÃO

"Um beduíno certa vez convidou Raba bar Hana para conhecer o lugar onde os céus e a terra se beijam. Neste lugar de junção e síntese, o sábio colocou sua mochila no peitoril de uma janela e recitou suas orações. Mais tarde quando estava pronto para partir, não conseguiu encontrar sua mochila.
– Haverá ladrões nos céus? – perguntou ele. – Não – foi a resposta –, mas tudo aqui está rotacionando, em movimento. Amanhã neste mesmo momento você encontrará sua mochila, no mesmo lugar onde a deixou."
(Talmude, Tratado de Baba Batra)

Exercícios d'alma foi concebido como uma série de exercícios para despertar o espírito.

O livro é composto de breves reflexões para meditação diária, cada uma associada a uma manifestação ou uma essência que é particular ao dia. Sua intenção é dar movimento à sabedoria. Movimento de rotação por meio de breve meditação e movimento de translação por meio da gradativa e sutil mudança de essência de cada dia. O leitor encontrará, mais adiante, uma explicação detalhada de como fazer uso deste material.

Tudo é movimento. Mesmo a mais imóvel das pedras é parte de um planeta que gira e se desloca; seu interior é puro movimento. Macrocosmicamente os astros rotacionam e se deslocam; microcosmicamente átomos, cargas e partículas rotacionam e se deslocam. Colocar a sabedoria em movimento é uma tentativa de nos sensibilizar para a verdadeira dinâmica, que é sua aplicação em nossas vidas.

Uma passagem bíblica (Deut. 6:6) diz que os ensinamentos devem ser colocados "sobre o coração". Ao interpretarem o significado de *sobre* e não *no* coração, os rabinos explicaram que a sabedoria, que é uma forma de pensamento, não tem acesso ao coração. Ela pode, no máximo, se colocar sobre o coração. De quando em quando, por razões existenciais ou circunstâncias da vida, o coração se abre. Quando isto ocorre, aquilo que está "sobre" o coração pode entrar. O objetivo destas sabedorias em movimento é deixá-las sobre o seu coração à espera do momento em que sejam internalizadas e emocionalmente acolhidas.

CABALA

A tradição cabalista representa a Árvore da Vida por uma estrutura de dez pontos. Estes pontos são conhecidos como *Sefirot* (numerários ou valores matemáticos), por meio dos quais o universo se manifesta. Estas emanações que compõem a Criação estão associadas a atributos do Criador.

Seus nomes são:

Keter – Soberania
Hoh'ma – Sabedoria (coroa)
Bina – Discernimento (compreensão primal)
Hessed – Expansão (compaixão)
G'vura – Contração (severidade, julgamento)
Tiferet – Equilíbrio (beleza, esplendor)
Netsah – Permanência (vitória)
Hod – Refinamento (glória)
Iessod – Essência (fundamento)
Mal'hut – Segurança (reino, concretude)

As sete últimas *Sefirot* são conhecidas como o grupo inferior. Elas representam o mundo concreto ou a própria realidade, cuja característica maior é a dinâmica do tempo e de sua passagem. Nesse sentido, o "sete" (7) é um número privilegiado como valor associado ao movimento e aos ciclos. A razão para isto talvez se encontre no vínculo entre o tempo e as fases lunares que se modificam numa razão de sete dias; ou nas notas musicais; ou na proporção intuitiva de seis avos de um período por um de retorno e pausa; ou até mesmo pela constância matemática no raio dos círculos que é múltipla de "2 pi" cujo valor é entre 6 e 7. Tudo isso estabeleceria uma relação entre o "7" e os ciclos. Tudo na realidade seria formado de ciclos e é desta dinâmica de ciclos que derivamos a nossa noção de tempo.

O tempo é uma descrição de jornada ou de movimento relacionado ao nosso planeta. A rotação deu origem ao dia, estágios da revolução da Lua em torno da Terra deram origem à semana e a translação em torno do Sol, ao ano. Este é o tempo relativo dos movimentos mais perceptíveis aos terráqueos.

Para a tradição mística judaica os ciclos de sete são um tempo e uma dinâmica absoluta. Há sete dias formando a semana. Há sete ciclos de semanas formando o mês absoluto (49 dias). Há sete ciclos de sete semanas formando um ano (343 dias).* Há ciclos de sete anos formando um ano sabático. Há, também, sete ci-clos de sete anos (49 anos) formando um jubileu. Estes são os períodos que podem ser retirados da Bíblia.

A semana é o quantum do ciclo marcado pelo *Shabat*, pelo descanso dos seres vivos. Os 49 dias são o quantum de tempo entre um plantio e sua primeira colheita (omer) ou o tempo da fruição. Os 343 dias são o período do calendário e suas festividades ao qual vamos nos ater com mais detalhe. Os sete anos são o descanso da terra e os 49 anos o descanso de toda a atividade econômica.

---

* Este ano absoluto de 343 dias é o total de doze meses lunares (28 dias e frações) que correspondem a 49 semanas.

Estes são os ciclos que a vida de um ser humano alcança conhecer. Supõe-se, no entanto, a existência de sete ciclos de jubileu (343 anos) e sete vezes este ciclo (2.401 anos) e assim por diante, até tempos tão astronômicos como os da Criação do universo. Não nos esqueçamos de que em sete dias D'us teria criado o universo separando luz da escuridão, céus da terra, águas de cima e águas de baixo. Quanto tempo levaram estes "dias"? Com certeza não eram nossos dias de 24 horas pois os astros Sol e Terra foram criados depois deste dia inicial. Seja qual for a dimensão desta semana sideral, ela foi um ciclo que se concluiu em pausa.

O diagrama das *Sefirot* é combinável com outros diagramas representando ciclos de ciclos de ciclos, combináveis infinitamente. Como uma cadeia, eles formam a estrutura "celular" do tempo e da dinâmica do universo (vide gravura). Sua concepção teórica e gráfica se assemelha às cadeias de genes que se montam para formar a essência da vida. Como um genoma do tempo, as *Sefirot* se combinam oferecendo a cada momento características que lhes são ímpares.

Na verdade, as *Sefirot* são uma concepção além do tempo. Como se existisse uma outra medida além de tempo e espaço. O tempo é uma medida relativa ao deslocamento no espaço e as *Sefirot* a qualificação do tempo através das emanações. O que é um tempo de sete dias? O descanso físico para a cadeia animal. O que é um tempo de 49 dias? O descanso (frutificar) do mundo vegetal. O ano? O descanso existencial do ser humano. Os sete anos? O descanso da terra. Os 49 anos? O descanso da atividade planetária. E assim por diante.

O tempo é, portanto, qualificado pelas emanações.

A estrutura que estaremos utilizando se fixa no ano que representa um ciclo existencial para os seres humanos. Ele é um período que compreende a mudança das estações do início ao fim de seu ciclo. Da morte do inverno, ao renascimento da primavera, ao resplandecer do verão, ao acerto de contas do outono e o retorno à morte do inverno.

COMO ENTENDER

A cada dia está associada uma essência que é a combinação das sete *Sefirot* inferiores – *Hessed, G'vura, Tiferet, Netsah, Hod, Iessod* e *Mal'hut*. Cada uma representará um dia da semana. *Hessed* – o primeiro dia – corresponde ao sábado ou *Shabat*; *G'vura* ao domingo; e assim por diante. Estes dias serão permutados em sete semanas (um mês absoluto ou 7 x 7 = 49); e, por sua vez, estes 49 dias serão permutados em sete meses (um ano absoluto ou 49 x 7 = 343).

A utilização do calendário abaixo é uma condensação destes dois calendários: solar (365) e lunar ou "absoluto" (343). Para cobrir os 22 dias a menos do calendário lunar, vamos acrescentar três semanas e mais um dia. Essas semanas extras serão intercaladas no calendário da seguinte maneira: 1) Uma semana na lua cheia do início do outono (primavera no hemisfério norte) durante a Festa da Páscoa; 2) Uma semana e mais um dia na lua nova do início da primavera (outono no hemisfério norte), correspondendo ao Ano Novo Judaico e o Dia do Perdão; 3) Uma semana na lua cheia do início da primavera (outono) corresponde à Festa de Sucot (Tabernáculo). Este calendário é, portanto, solar e lunar, mas também (e possivelmente uma novidade para muitos) pontuado por este tempo "absoluto". Para pessoas mais versadas na tradição judaica este tempo é representado no calendário pelas *parshiot* – as leituras semanais do Pentateuco lidas nas sinagogas (vide apêndice).

Se você não é um aficionado por sistemas e números, não se preocupe. Estas informações não são relevantes para o exercício que iremos realizar. Elas apenas explicam a metodologia aqui utilizada.

Cada dia será representado pela combinação de três *Sefirot*, representando o dia, a semana e o mês, respectivamente. Segue-se uma frase selecionada para despertar. É uma frase para ser acatada com os sentimentos que lhe forem pertinentes e permita-se impactar por ela antes de prosseguir.

A última fase deste módulo diário é um parágrafo de reflexões sobre o conteúdo da frase. Nesta etapa, já centrada no intelecto é apropriado o julgamento através da concordância ou da crítica.

Cada módulo diário contém, portanto, uma descrição da energia, de sentimentos e de pensamentos deste dia específico. A intenção é fazer com que cada módulo assuma a condição de um "texto". Os textos são formas que temos de dar relevo à realidade. As histórias funcionam assim, exemplificando, elucidando e esclarecendo. Textos são pensamentos motivados por sentimentos que são relacionados a um momento ou situação especial. Cada texto é um território de significados importantes.

Permita que estes breves módulos diários propiciem textura a sua realidade e a sua vida.

COMO FAZER

A cada dia, na parte da manhã, você deve ler o parágrafo que corresponde a este dia. Você deverá designar a data inicial do primeiro dia de exercício e depois seguir consecutivamente os 364 dias restantes. O ano segue o calendário judaico iniciando-se não no dia primeiro de janeiro, mas no início do ano litúrgico judaico. Esse primeiro dia será o sábado mais próximo da Lua Nova do Equinócio da Primavera que cai no dia 23 de setembro. Ou seja, veja a Lua Nova mais próxima desta data e uma vez feito isso, veja qual o sábado mais próximo e estipule como data do dia inicial dos exercícios. Este será o início do "Ano Absoluto".

A leitura deve ser feita tomando não mais do que 5 minutos. Encontre um lugar sossegado. Relaxe e faça sete respirações profundas. Leia o parágrafo com atenção, refletindo sobre o mesmo. Quando estiver intelectualmente saciado, volte a fazer sete respirações profundas e bom dia!

A manhã é o momento adequado, pois as *Sefirot* estão associadas a diferentes luzes e estas, por razões óbvias, ao amanhecer.

Estas luzes são:

Sefirot	Luzes
Hessed (expansão)	Tov ("bom"*)
G'vura (contração)	Noga (incandescência)
Tiferet (equilíbrio)	Kavod (glória)
Netsah (permanência)	Bahir (brilho)
Hod (refinamento)	Zohar (radiância)
Iessod (essência)	Chaim (vida)
Mal'hut (segurança)	Or (luz)

Para aqueles que se dispõem a fazer este exercício de forma mais profunda, além destas leituras diárias, faça leituras no início de cada semana.

Nos sábados, de preferência à tarde, leia os sete parágrafos que serão repetidos diariamente pela manhã durante a semana. Faça esta leitura da mesma forma. Sete respirações no início da leitura e sete ao seu término.

A tarde é privilegiada pois representa a mudança de uma semana para a seguinte.

Se desejar perceber ainda melhor o movimento, faça a leitura dos próximos 49 parágrafos no início de cada mês absoluto. Esta leitura não tem momento específico do dia para ser realizada, bastando que seja feita no primeiro dia do mês absoluto.

---

* Termo usado por D'us na criação ao final de cada dia.

As leituras serão repetidas de sete em sete a cada sábado e diariamente de acordo com o dia correspondente.

Se quiser, leia todos os parágrafos ou o livro todo para perceber seu movimento anual. Realizando a cada 49 dias a leitura do mês, a cada 7 dias a leitura da semana e diariamente a leitura correspondente a cada dia. Esta leitura não tem tempo ou dia específico.

ANO ABSOLUTO

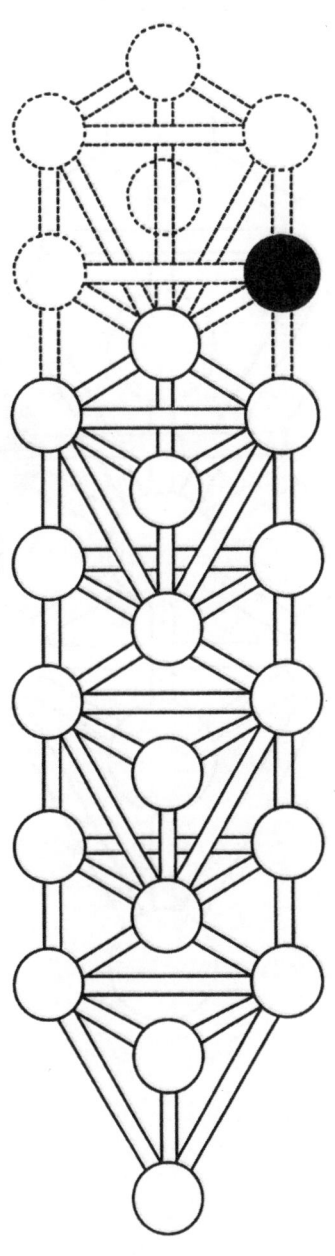

MÊS ABSOLUTO
HESSED

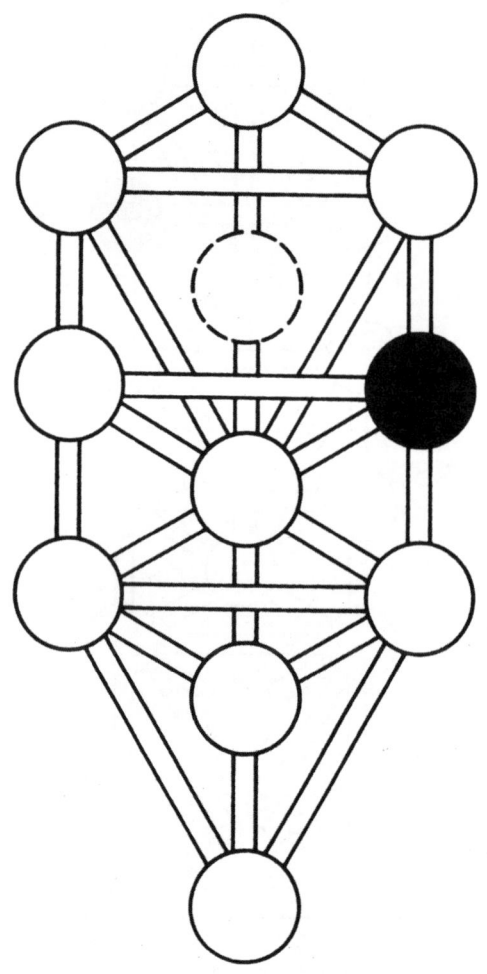

HESSED DE HESSED
INÍCIO DA SEMANA

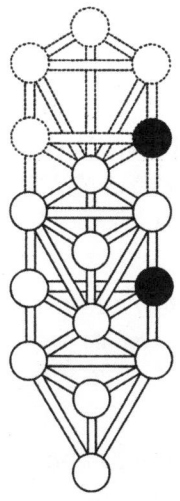

Data: sábado mais próximo da Lua Nova mais próxima do Equinócio da Primavera (dia 23 de setembro)

HESSED EM HESSED DE HESSED
EXPANSÃO EM EXPANSÃO
DE EXPANSÃO

Tirando o amor este mundo é uma tumba.
– Robert Browning

Somos movidos pelo amor. Nascemos e, desde então, nossas questões giram em torno do amor dos pais e de como obter amor dos outros. Vem a fase da maturidade sexual, e o amor é a principal fonte de energia. Os sonhos acordados, os telefonemas intermináveis e a mágica das conquistas preenchem a vida. Segue-se o amor aos frutos de nossas relações, ao cônjuge ou amante, aos filhos e netos. O ser humano não sabe o que fazer do seu tempo se lhe roubam a capacidade ao amor. Pare e pense. Não há gratificação que a riqueza, a comida ou mesmo a saúde possam trazer se nelas não existir a experiência profunda do amor. Faça um balanço do quanto a sua vida está neste instante embebida em amores para saber o quão parecido ou distinto é seu mundo de um sepulcro.

G'VURA EM HESSED DE HESSED
CONTRAÇÃO EM EXPANSÃO
DE EXPANSÃO

A primeira metade de nossas vidas é arruinada por nossos pais, a segunda por nossos filhos.

– Clarence Darrow

Se por um lado o amor é o combustível da existência humana, por outro gera as maiores preocupações e os maiores sofrimentos. As mágoas que o amor produz não têm par em nenhuma outra experiência humana. Não há, portanto, piores feridas para a alma do que aquelas cometidas por pais, irmãos, melhores amigos e filhos. Em grande parte as terapias se ocupam dos so-frimentos causados por pais e por filhos. É imprescindível criarmos um futuro de pais e de filhos menos violentos uns com os outros. Apesar de todos os seus custos, quem abriria mão do prazer de ter sua vida "arruinada" pelo choro de um neném na madrugada? Mesmo na contração o amor é prazeroso.

TIFERET EM HESSED DE HESSED
EQUILÍBRIO EM EXPANSÃO
DE EXPANSÃO

O amor é um conflito entre reflexos e reflexões.

– Mangnu Hirschfield

O amor é impulsivo mas conhece o equilíbrio. Trata-se de um equilíbrio que não é racional e não é controlado. É o que os sábios do passado chamavam de "amor sábio". O amor sábio não apenas se consome numa paixão ardente, mas sabe se administrar e se preservar. É um amor que repara nos detalhes, que dá presentes, que enfatiza certos momentos. O amor tolo é o da expectativa, da demanda e da possessão. Ele desenvolve fortes sentimentos de ciúmes e busca controlar tanto o sujeito amado como o destino do amor, e sufoca uma relação. Um amor sábio controla mais solto. Faz carinho no momento certo e restringe carinho no momento certo. Reflexo e reflexão caminham juntos.

NETSAH EM HESSED DE HESSED
PERMANÊNCIA EM EXPANSÃO
DE EXPANSÃO

Amor e tosse não se consegue esconder.
– George Hebert

O amor e a tosse são manifestações expansivas. Tentar conter a tosse resulta em movimentos físicos que nos delatam mais do que a própria tosse. O mesmo podemos dizer do riso. O riso contido acaba explodindo em gargalhada numa intensa experiência de descontrole. O amor oculto promove gestos, olhares, intenções, hesitações e movimentos desajeitados.

Acreditamos que revelar nosso sentimento nos coloca numa situação de desvantagem. Como se numa transação comercial, não queremos deixar que nosso real interesse transpareça para não negociar em desvantagem. No entanto, é importante perceber que o amor não se esconde. A tentativa de escondê-lo nos faz manipuladores, insinceros e um pouco tolos. Tal como quem se contorce para não tossir, esconder em demasia o amor nos enfeia.

HOD EM HESSED DE HESSED
REFINAMENTO EM EXPANSÃO
DE EXPANSÃO

No verdadeiro amor queremos o bem da pessoa amada.
No falso amor queremos a outra pessoa.

– Margaret Anderson

Há formas de amar que produzem sentimentos estranhos tal como a insegurança, a obsessão e a dependência. A prova maior para qualquer "amor" é se estamos querendo o melhor para a pessoa amada, ou o melhor para nós. Somente quando estamos prontos a sacrificar nossos próprios interesses por aqueles da pessoa amada é que experimentamos o amor. No verdadeiro amor uma pessoa abre mão de coisas que lhe são muito caras. Não há dúvida de que deve haver troca, mas quem ama deve estar sempre mais disposto a doar do que a receber. Amar pressupõe uma embriaguez momentânea na qual nos permitimos gostar mais do outro que de nós mesmos.

IESSOD EM HESSED DE HESSED
ESSÊNCIA EM EXPANSÃO
DE EXPANSÃO

A mágica do primeiro amor está em nossa ignorância
de que ele termina.

– Benjamin Disraeli

Uma das maiores razões para o amor ser uma experiência de expansão se deve à sensação de imortalidade e eternidade que nos proporciona. Quem ama vê o tempo se alargar e a vida ganhar mais sentido. A mágica de nossas primeiras experiências está no fato de que não conhecemos ainda a desilusão e a perda do fim de uma relação. Como a criança que acorda cedo para ver o presente recebido na noite anterior, o amante sonha em poder usufruir de seu sentimento para sempre. É a permanência que nos permite este sentimento tão especial. O grande segredo da vida está em preservar o senso de expansão à medida que descobrimos que tudo, sem exceção, é finito.

MAL'HUT EM HESSED DE HESSED
SEGURANÇA EM EXPANSÃO
DE EXPANSÃO

Você pode doar sem amor, mas você não pode amar sem doar.
– Amy Carmichael

Em expansão a segurança não está em amarrar, mas em liberar. Isto vale tanto para um adolescente como para o amor, pois são ambos processos de expansão. Não amarre um adolescente e não ame tentando impor rédeas curtas. Na expansão não há garantias e qualquer segurança só é possível no risco. Por esta razão, o amor não é uma experiência que se fortalece no controle, mas na liberdade. O grande problema do casamento é que, ao mesmo tempo que aprofunda compromissos, estabelece regras e instrumentos de controle. E quem está preocupado com regras começa a se preocupar mais com o que vai receber do que com aquilo que vai oferecer. Duas pessoas se amam quando ambas querem se doar, o que permite a ambas receber.

G'VURA DE HESSED
INÍCIO DA SEMANA
LUA CRESCENTE / PRIMEIRO QUARTO

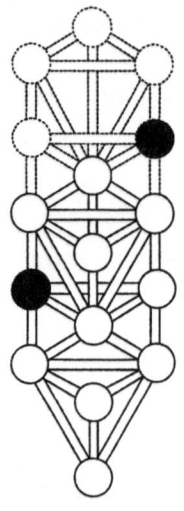

HESSED EM G'VURA DE HESSED
EXPANSÃO EM CONTRAÇÃO
DE EXPANSÃO

O amor é como o fogo. Nunca se sabe se ele vai aquecer sua alma ou incendiar sua casa!

– Joan Crawford

A contração em expansão é muito bem representada pelo elemento fogo. Todo aquecimento é produzido por energia. Como o coração bate mais forte com a paixão, também na dimensão das partículas atômicas o calor é indício de mobilização. Esta energia pode ser canalizada para coisas muito positivas ou negativas. O amor pode produzir o que de mais especial existe neste mundo, ou o mais terrível. Não há violência maior do que aquela que nos causam as pessoas amadas. As grandes mágoas, decepções e desapontamentos são deixados por pessoas que estão muito próximas de nós. Reverter o fogo destrutivo à sua condição de calor e luz e a verdadeira arte de amar.

**G'VURA EM G'VURA DE HESSED
CONTRAÇÃO EM CONTRAÇÃO
DE EXPANSÃO**

Pessoas imaturas obedecem pelo medo; pessoas maduras, pelo amor.

– Aristóteles

Atribuímos a disciplina ao mundo da restrição e do medo. Mas há uma disciplina que se origina no amor. É uma disciplina que nos obriga a fazer o que queremos fazer. Normalmente pensamos que a disciplina nos impõe algo que não queremos fazer. Há pessoas, por exemplo, que dirigem com cuidado porque as multas estão altas e porque podem perder sua carteira de motorista. Fazem isto por medo. Há outras que têm grande prazer em ter cuidado. Não que isto não lhes tenha custos em atenção e liberdade. Mas elas entendem que este custo é bastante inferior ao custo que bombeiros e médicos de ambulâncias tanto conhecem.

**TIFERET EM G'VURA DE HESSED
EQUILÍBRIO EM CONTRAÇÃO
DE EXPANSÃO**

A liberdade significa responsabilidade. Esta é a razão pela qual a maioria das pessoas lhe tem horror.

– Bernard Shaw

O ser humano está sempre sabotando possibilidades de liberdade porque a teme profundamente. Não há um só indivíduo que na sua intimidade não trame contra a liberdade. A liberdade nos assusta porque ela pressupõe estarmos nus e desarmados para a vida. Significa permitir-nos aquilo que só é possível com muita responsabilidade. É, portanto, preferível suprimir a liberdade e mantê-la sob controle para que esta não nos obrigue a enxergar com tanta clareza nossas limitações e fraquezas. A ditadura que reprime na rua teme a responsabilidade que se exige do poder. O pai que reprime em casa teme a responsabilidade de ser um modelo à altura da liberdade concedida.

NETSAH EM G'VURA DE HESSED
PERMANÊNCIA EM CONTRAÇÃO
DE EXPANSÃO

Você realmente cresce no dia em que ri de si mesmo pela primeira vez.

– Ethel Barrymore

O ato sagrado de rir de si mesmo inaugura a possibilidade da autocrítica generosa e da ironia com ternura. Uma de nossas grandes dificuldades está em conjugar a contração e a expansão num só movimento. A gargalhada de si mesmo é um desses raros instantes onde isto é possível. Quem ri de si mesmo está se expandindo e ao mesmo tempo se contraindo. Isto porque rir de si mesmo é uma forma de ser severo consigo sem sê-lo. Permite que possamos explorar cada vez mais nossas limitações. Quanto mais rirmos de nós mesmos, sem sarcasmo e sem desespero, mais crescemos. Não há sábio que não tenha descoberto este segredo.

HOD EM G'VURA DE HESSED
REFINAMENTO EM CONTRAÇÃO DE EXPANSÃO

A música lava nossa alma da poeira que fica da vida diária.

– Red Auerbach

O simples viver de um dia cria na alma o mesmo que a poeira e o suor produzem no corpo. Trata-se do desgaste das interações do dia, dos sonhos, das frustrações, das realizações e das expectativas. O refinamento da música está para a alma como a água está para o corpo. O solvente universal que é a água limpa, descarrega e recicla. O mesmo faz a música que pode dissolver energias – trazer alegria aos tristes, afeto aos racionais, sonhos aos acomodados e leveza aos pesados. Todo mundo antes de chegar em casa deveria ouvir música para que sua alma não chegasse suada e com mau hálito. É profunda falta de refinamento não ouvir música com constância. É como não tomar banho. Não subestime a poeira da rotina, se não houver asseio constante ela se torna insalubre.

IESSOD EM G'VURA DE HESSED
ESSÊNCIA EM CONTRAÇÃO DE EXPANSÃO

Um homem se apaixona pelos olhos, uma mulher pelos ouvidos.

– Woodrow Wyatt

A sedução para os homens se faz pela estética, pelo estímulo visual. Para as mulheres isto acontece pelo estímulo do galanteio, do romantismo e pela capacidade de escuta de seu pretendente. Para Adão o fruto é irresistível, para Eva, a fala da serpente.

A mulher insinua um decote e o homem se faz de poeta e seresteiro. Porém onde há sedução muitas vezes há ilusão e manipulação. Os homens devem tomar cuidado com os olhos e as mulheres com os ouvidos. Os olhos podem ser enganados com miragens e ilusões, os ouvidos com vozes falsas e feias plagiadas. O ser humano tem cinco ou talvez seis sentidos. Use-os todos pois o homem que ouvir poderá descobrir o que seus olhos não veem e as mulheres que enxergarem poderão ouvir o que seus ouvidos não escutam.

MAL'HUT EM G'VURA DE HESSED
SEGURANÇA EM CONTRAÇÃO
DE EXPANSÃO

Se você pode andar, então pode dançar.
Se você pode falar, então pode cantar.
– Provérbio do Zimbábue

Cada um de nós possui encravada em si uma faceta que é profunda, sincera e espontânea. Por mais sem jeito, desengonçados, impróprios ou reprimidos que possamos nos sentir existe sempre a possibilidade de agirmos de forma verdadeira e espontânea. Quem anda, dança e quem fala, canta. Mas quantas vezes dizemos aos outros: "não... eu não sei dançar...." ou "não... eu não sei cantar." Não dançar e não cantar está longe de ser uma impossibilidade, é um bloqueio. Surpreenda a si mesmo demonstrando que pode dançar e que pode cantar e experimente uma sensação muito especial de segurança. Há mais em nós do que nós conhecemos. Faça bom uso.

TIFERET DE HESSED
INÍCIO DA SEMANA
LUA CHEIA

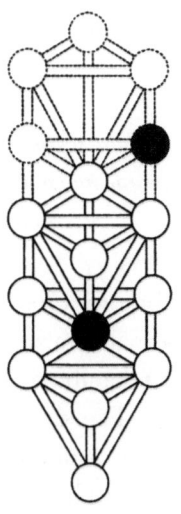

 HESSED EM TIFERET DE HESSED
EXPANSÃO EM EQUILÍBRIO
DE EXPANSÃO

*O amor domestica o espírito mais selvagem
e torna selvagem o mais dócil.*

– Alexis Delp

O amor propicia um equilíbrio que não é facilmente reconhecido. Há sempre alguma alteração considerável no comportamento das pessoas e por isto achamos que amar desequilibra. Muito pelo contrário. Os mais selvagens e os mais acomodados encontram maior equilíbrio, cada um tendendo a temperar seu comportamento. O amor, em outras palavras, nos tira do aprisionamento em nós mesmos. Ao desejarmos outra pessoa temos que abandonar hábitos e confrontar-nos com os desafios de querer e ser querido. Ninguém resiste a este confronto sem experimentar mudanças profundas.

G'VURA EM TIFERET DE HESSED
CONTRAÇÃO EM EQUILÍBRIO
DE EXPANSÃO

Não há assuntos que não sejam interessantes, o que há são pessoas que não são interessantes.

– G. K. Chesterton

Tudo neste universo é vibrante. Quando algo nos parece sem movimento, estático, pode apostar: é em nós mesmos que se origina este sentimento. O detalhe mais irrelevante contém em si maravilhas inimagináveis. Esta é a razão pela qual um cientista pode passar a vida inteira estudando uma questão que nos parece sem importância, ou um historiador vasculhar minúcias no passado. Mas da mesma maneira que podemos revelar as maravilhas de um detalhe, somos capazes de contagiar o universo com nosso desinteresse. A vida em si é interesse, e todo o comportamento de desinteresse contagia o mundo dessa perspectiva. Ele se torna preto e branco, sem nuanças e sem sentido.

TIFERET EM TIFERET DE HESSED
EQUILÍBRIO EM EQUILÍBRIO
DE EXPANSÃO

Uma pergunta tola é o primeiro indício de um pensamento totalmente novo.

– Alfred North Whitehead

Os grandes rompimentos com formas já esgotadas de pensar e raciocinar acontecem quando nos permitimos perguntas tolas. Quantas vezes o ovo de Colombo de resolução de um problema depende de uma pergunta que foge ao padrão normal do raciocínio lógico. Saiba pensar mais tolamente e novas ideias e perspectivas estarão a caminho. Não é à toa que muitos cientistas precisam dormir para no dia seguinte encontrar respostas que não encontram, por mais que se esforcem intelectualmente. Ao dormir uma pessoa treinada no raciocínio, como um cientista, permite se fazer perguntas tolas.

NETSAH EM TIFERET DE HESSED
PERMANÊNCIA EM EQUILÍBRIO
DE EXPANSÃO

O tempo é a maneira que tem a natureza de não permitir que tudo aconteça de uma única vez.

É interessante compreendermos a noção de tempo pela perspectiva do equilíbrio de expansão. Para esta, a necessidade do tempo não é outra senão oferecer uma grande avenida ao longo da qual as coisas podem acontecer. Se tudo acontecesse ao mesmo tempo não haveria lugar, por exemplo, para alegria ou tristeza. Quando um bebê nascesse teríamos que chorar por sua morte mais adiante. Esta é a razão pela qual o livro de Eclesiastes no cânone bíblico diz: Há tempo de plantar e colher, amar e odiar, chorar e sorrir... há tempo certo para tudo. Somente porque tudo não acontece simultaneamente, se faz possível a vida.

HOD EM TIFERET DE HESSED
REFINAMENTO EM EQUILÍBRIO
DE EXPANSÃO

A terra ri pelas flores.
– Edward Cummings

O refinamento do riso é encontrado em toda a Criação. A compreensão da tradição cabalista fala que o mundo foi criado a partir de atributos. A terra, as criaturas, os elementos, tudo se manifesta por estes atributos. Existem manifestações de expansão, contração, equilíbrio etc... para tudo. É interessante saber reconhecer as expressões de riso pela Criação. Seria o arco-íris um sorriso do céu? As flores um sorriso da terra? Muitos cientistas dizem que o riso é uma característica única do ser humano. Será que estamos sabendo ver e ouvir os risos da Criação? Talvez se prestarmos mais atenção nosso mundo nos pareça mais divertido e mais bem-humorado.

IESSOD EM TIFERET DE HESSED
ESSÊNCIA EM EQUILÍBRIO
DE EXPANSÃO

Se todo mundo pensasse antes de falar,
o silêncio seria ensurdecedor.
– George Barzan

Se as pessoas pensassem antes de comprar, o comércio acabaria; se as pessoas pensassem antes de comer, o consumo de alimentos cairia para um quinto. O grande desafio deste mundo é pensar antes e não paralisar com isto toda e qualquer atividade. É preciso um bom equilíbrio entre pensar antes e bancar os impulsos. As importantes decisões devem ser do pensamento associado ao impulso. Achar que o equilíbrio passa pelo "pensamento" e não pelo "impulso" é um engano. Separadamente, tanto o pensamento como o impulso são desequilíbrios.

 MAL'HUT EM TIFERET DE HESSED
SEGURANÇA EM EQUILÍBRIO
DE EXPANSÃO

Uma pessoa não é pobre se ela ainda pode rir.
– Raymond Hitchcock

O riso é a última fronteira antes da miséria. Enquanto nos restar o riso nos resta uma porta aberta aos tesouros deste mundo. Este critério é bastante interessante se prestarmos atenção na quantidade significativa de pessoas com condição financeira segura mas que perderam a capacidade de rir e sorrir. Estas pessoas são miseráveis no sentido literal da palavra: vivem em penúria, em estado lastimável. São pessoas sedentas e famintas mesmo dispondo de bebida e comida. A indigência da alma é muito mais severa do que a do corpo. Ao corpo se pode oferecer comida e bebida, já para a alma, sua sede é falta de vontade de beber e sua fome falta de vontade de comer.

NETSAH DE HESSED
INÍCIO DA SEMANA
LUA MINGUANTE / ÚLTIMO QUARTO

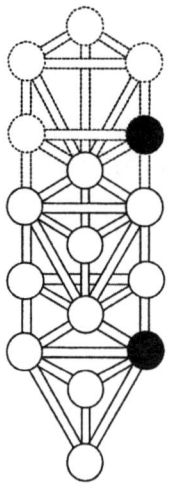

HESSED EM NETSAH DE HESSED
EXPANSÃO EM PERMANÊNCIA
DE EXPANSÃO

*Tudo nesta vida demora sempre mais
do que imaginamos, menos a própria vida.*

Uma das experiências de permanência em expansão é o fato de que o tempo nos prega uma peça: tudo demora, menos a vida. As crianças acham que demoram para crescer, os adultos que demoram para vencer. Nossas esperas são intermináveis e irritantes, no entanto, a vida passa galopando. Ela escoa por nossas mãos e enquanto o velho se atormenta pelos dias que tardam a passar, olha o passado com uma expressão de perplexidade. Como podem ter passado tão rápido todas estas esperas que pareceram intermináveis? O paradoxo da vida é que as demoras são rápidas demais para dar conta de nossa finitude.

G'VURA EM NETSAH DE HESSED
CONTRAÇÃO EM PERMANÊNCIA
DE EXPANSÃO

O tempo é um grande mestre, mas infelizmente mata todos os seus discípulos.

– Hector Louis Berlioz

Salomão, o sábio dos sábios, já definiu há dois mil e quinhentos anos em Eclesiastes: a sabedoria é vã quando o seu pretendente descobre que seu maior instrutor é o tempo. O que nos habilita e nos instrui, também nos mata. O aumento do tempo – a sabedoria – é o manjar e o veneno. Os tolos dirão: de que adianta então ir buscá-la? O sábio retrucará: é melhor a morte saciada e refinada do que a morte por inanição.

TIFERET EM NETSAH DE HESSED
EQUILÍBRIO EM PERMANÊNCIA
DE EXPANSÃO

Cuide bem de seus minutos e suas horas estarão bem cuidadas.

– Lord Chesterfield

Se você tomar conta do seu presente, sentirá que seu futuro lhe será próprio. O equilíbrio existe quando não nos deixa levar pelos sonhos e pelos planos, mas nos faz construí-los desde aqui, deste momento. Sem este elo entre os minutos você se perde e se confunde. Quem cuida de suas horas desperta décadas depois descobrindo que escreveu uma bela biografia, mas que não viveu a vida realmente. Saiba conter suas expectativas que o empurram para pensar nas horas. O campo conhece este segredo. A cidade vive de horas, o campo dos minutos.

NETSAH EM NETSAH DE HESSED
PERMANÊNCIA EM PERMANÊNCIA
DE EXPANSÃO

Você nunca encontrará tempo para nada.
Se você quer tempo, deve fazê-lo.

– Charles Bixton

Tempo nunca se faz disponível. Sempre há algo ou alguém para tomá-lo, absorvê-lo. Qualquer tempo deve ser feito, ou seja, administrado, cuidado e artisticamente dirigido para aquilo que desejamos. Sem esta dedicação não há tempo. Mesmo na juventude, quando tudo parece caminhar lentamente e longos passeios parecem possíveis, isto não acontece sem um investimento. Os jovens fazem este tempo que é preenchido de paixões e devaneios. Mesmo o tempo de relaxar não acontece sem que nós o façamos. Tempo vazio não descansa. Não há tempo que não se preencha de intenção e presença.

HOD EM NETSAH DE HESSED
REFINAMENTO EM PERMANÊNCIA
DE EXPANSÃO

Nunca temos tempo para fazer as coisas corretamente,
mas sempre temos tempo para refazê-las.

– Jack Bergman

É bastante comum acreditarmos não termos tempo para fazer as coisas com a precisão e o cuidado que elas requerem. No entanto, quando tudo sai errado, sempre encontramos o tempo necessário para refazer uma ou mais vezes o que não ficou bom. Criar uma cultura de maior atenção e precisão é um refinamento que não perde tempo mas, ao contrário, ganha tempo. A razão de aceitarmos a tirania da correria e do descuido se origina na má educação. É fundamental orientarmos nossos filhos para que despendam o tempo necessário em seus afazeres. Sem obsessão ou perfeccionismo, fazer certo é sempre mais rápido.

IESSOD EM NETSAH DE HESSED
ESSÊNCIA EM PERMANÊNCIA
DE EXPANSÃO

O tempo é a coisa mais valiosa que um ser humano pode gastar.

– Laércio Diógenes

Entender o tempo como o patrimônio de maior valor nos permite fazer transações mais bem-sucedidas pela vida. Estar em expansão pressupõe não se abrir mão do tempo por coisas de menor valor. A raridade é sempre uma medida de valor. O ouro tem maior valor que a prata porque existe em menor quantidade. Acreditamos que há tempo de sobra. Não é incomum querermos matar tempo, como se houvesse um excesso. Conheça as incríveis possibilidades da vida e perceberá quão escasso é o tempo.

MAL'HUT EM NETSAH DE HESSED
SEGURANÇA EM PERMANÊNCIA
DE EXPANSÃO

Um dos sinais de que se é uma celebridade é quando seu nome vale mais do que o seu serviço.

– David Boorstin

Inflacionar o valor de nosso trabalho, de nossa presença ou de nossa contribuição é algo fascinante. No entanto, esta defasagem entre o valor real e a valorização da celebridade tem um custo muito elevado. Ela gera grande insegurança fazendo-nos confusos quanto ao nosso verdadeiro valor. É comum querermos dar um desconto no exagero da celebridade e acabarmos nos depreciando excessivamente. Tome cuidado para não se tornar uma celebridade em áreas onde não deseje pagar a conta por sê-lo. Lembre-se: não é só porque você pode fazer algo que necessariamente tenha que fazer. Não fazer pode ser um incrível curso de ação.

HOD DE HESSED
INÍCIO DA SEMANA
LUA NOVA

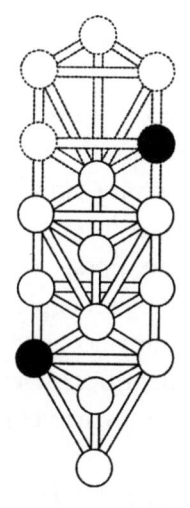

**HESSED EM HOD DE HESSED
EXPANSÃO EM REFINAMENTO
DE EXPANSÃO**

A beleza da luz nasce da escuridão – não há fé mais forte e melhor do que aquela que se origina da dúvida.

– R. Turnbull

A certeza não nos refina como a dúvida e o conflito. Um dos grandes problemas da atualidade é que muitas tradições espirituais querem separar a luz da escuridão, a certeza da dúvida. E isto não existe. Conta-se numa lenda que os rabinos conseguiram aprisionar o mau impulso e retirá-lo do mundo. No dia seguinte os construtores não tiveram mais a ambição de construir, as pessoas não possuíam mais o desejo para procriar e as galinhas pararam de pôr ovos. Nossas sombras não são inúteis e é delas que se faz possível a expansão e o refinamento necessários para perceber a luz.

G'VURA EM HOD DE HESSED
CONTRAÇÃO EM REFINAMENTO
DE EXPANSÃO

É mais fácil fazer as pessoas chorarem do que fazê-las rir.

A contração é mais fácil ao ser humano do que o relaxamento. Todos os animais são dotados de sistemas de alerta e atenção. A adrenalina é parte de um mecanismo importante para seres competitivos e caçadores, como é comum ao mundo animal. O ser humano, no entanto, possui uma consciência que o faz antecipar sofrimentos e lhe preocupa. É tão sensível o sistema de contração de um ser humano que, por mais que conheça o sorriso, lhe é mais fácil identificar-se com o choro. O sorriso é sempre a expressão de nossa maior entrega.

TIFERET EM HOD DE HESSED
EQUILÍBRIO EM REFINAMENTO
DE EXPANSÃO

Você pode ser enganado se confiar demais, mas viverá em tormento se não confiar o suficiente.

– Frank Cran

A confiança é uma importante medida de maturidade. Expor-se à confiança, apesar de todas as decepções do passado, é uma tarefa difícil e, ao mesmo tempo, fundamental. Numa história do escritor B. Singer o personagem principal acreditava em tudo que lhe diziam. Ele era abusado constantemente por sua mulher, seu vilarejo, enfim, seu mundo. Mas ele sempre confiava na explicação que lhe ofereciam. O personagem inicialmente apresentado como um tolo se revela um herói. Tolo é quem não confia pois se condena a uma vida de suspeita e insegurança. Confie e, sem muito chorar, pague o preço de algumas desilusões.

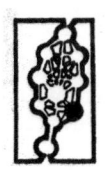

NETSAH EM HOD DE HESSED
PERMANÊNCIA EM REFINAMENTO
DE EXPANSÃO

A verdadeira redenção deve ser buscada dentro de nós, porque cada um constrói sua própria prisão.

– Sir Edwin Arnold

A paz e a felicidade se encontram ameaçadas tanto pelo mundo externo como pelo interno. Não há maior inimigo do que nós mesmos. Podemos tentar apontar do lado de fora inúmeras razões para nossos insucessos, mas são nossas limitações que respondem por eles. Desvende a prisão que você construiu. Nesta masmorra estão muitos de seus sonhos. A saída não está tanto na busca de uma chave, mas em entender que se trata de um labirinto. Com coragem e criatividade você descobre que não há porta fechada. É a confusão que impede a saída.

HOD EM HOD DE HESSED
REFINAMENTO EM REFINAMENTO
DE EXPANSÃO

Se você quiser verdadeiramente compreender algo, tente mudá-lo.

– Kurt Lewin

Criticar é infinitamente mais fácil do que fazer. Só se compreende algo tentando mudar. Os grandes administradores e políticos sabem disto. Não há experiência mais profunda do que a tentativa de mudar algo. Isto porque quando algo se estrutura de uma forma há sempre uma razão para isto, e a razão não é um acaso ou irrelevante, muito pelo contrário. Normalmente é um somatório de forças muito complexas e para mudá-las temos que desvendá-las uma a uma. Quem muda ou tenta mudar precisa ser um profundo conhecedor da matéria.

IESSOD EM HOD DE HESSED
ESSÊNCIA EM REFINAMENTO
DE EXPANSÃO

O segredo de seu futuro está oculto em sua rotina diária.

– Mike Murdock

Quantas vezes buscamos uma cartomante para ler nosso futuro quando tudo que precisamos é ler o presente? O futuro não será construído de acaso. Sempre haverá uma conexão entre o futuro e o presente. Reconhecemos isto quando olhamos para trás. Como fomos parar aqui neste lugar e nesta situação? Olhando para trás sabemos sempre entender como isto aconteceu. Mas é possível fazer-se o mesmo desde o presente. Aliás não há tempo mais carente de atenção do que o presente. O passado e o futuro estão sempre em nossas prioridades. Saiba que este é o maior mal do qual o ser humano é acometido.

MAL'HUT EM HOD DE HESSED
SEGURANÇA EM REFINAMENTO
DE EXPANSÃO

Não posso me dar ao luxo de gastar meu tempo para fazer dinheiro.

– Louis Agassiz

Não é raro dizermos que não temos tempo para a família, amigos, ler um livro, lazer ou estudar. Estamos dizendo: "não posso me dar ao luxo destas coisas, tenho que ganhar a vida." Pois todas estas coisas descritas acima são parte também de ganhar a vida. Se negligenciadas, perdemos a vida. Saiba o valor de seu tempo e não o dispense com tanta facilidade. Imagine sair por aí distribuindo notas de cem reais de seu trabalho suado. Pois com seu tempo é muito pior. Ele vale mais que estas notas e você o distribui e desperdiça sem a menor consciência. Não imobilize todo o seu tempo em dinheiro.

IESSOD DE HESSED
INÍCIO DA SEMANA
LUA CRESCENTE / PRIMEIRO QUARTO

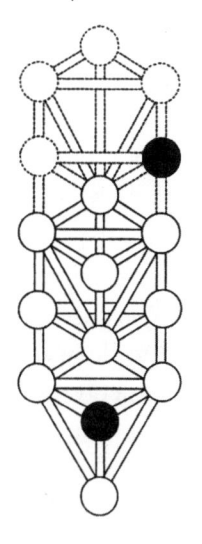

HESSED EM IESSOD DE HESSED
EXPANSÃO EM ESSÊNCIA
DE EXPANSÃO

*A chave para compreender os outros
é primeiramente compreender a si próprio.*

Toda a compreensão que temos dos outros deriva de nós mesmos. Quando nos identificamos com alguém e podemos aceitar sua forma de ser, significa que encontramos em nós mesmos elementos semelhantes ao outro. Identificamo-nos com os outros quando entendemos existir em nós as mesmas limitações, angústias e ansiedades que experimentam. Por esta razão, para que este mundo seja mais tolerante é fundamental que as pessoas se conheçam mais. O autoconhecimento é um dos movimentos políticos menos reconhecidos e computados nas análises das forças que transformam este mundo. A paz só é possível entre pessoas que se conhecem.

G'VURA EM IESSOD DE HESSED
CONTRAÇÃO EM ESSÊNCIA
DE EXPANSÃO

Se você pensa que é livre, então realmente não pode se libertar.

– Ram Dass

Uma das maiores motivações para crescer e amadurecer é a insatisfação. O reconhecimento de que ainda não chegamos lá, de que ainda não somos totalmente livres, é fundamental para a qualidade de nossa vida. Quem se acha livre, se aliena. Os aprisionamentos são eternos para o ser humano. Apenas D'us é total e absolutamente livre. Nós humanos estamos sempre servindo ao mestre autoritário que é nosso ego. Sentir-se livre é uma bênção. Mas se este sentimento perdurar por muito tempo, saiba que ele pode ocultar medo e alienação. A contração de nossa eterna escravidão é essencial para a expansão.

TIFERET EM IESSOD DE HESSED
EQUILÍBRIO EM ESSÊNCIA
DE EXPANSÃO

O verdadeiro ser humano livre é aquele que não teme ir até o fim de seu pensamento.

– Leon Blum

A origem de nossas hipocrisias está nos pensamentos que não vão até o fim. Estes são os pensamentos que não nos permitimos, pois sabemos de antemão que irão ferir nossos interesses. Este mecanismo vai se sofisticando com o passar do tempo.

A capacidade de parar pensamentos no meio do caminho expressa nossas verdadeiras ideologias e compromissos. Se você almeja ser mais livre terá que enfrentar o final de seus pensamentos. Mas prepare-se: um pensamento que vai até o fim sempre coloca em xeque aspectos importantes de nosso comportamento. A verdade é que do fim de nossos pensamentos não há retorno.

NETSAH EM IESSOD DE HESSED
PERMANÊNCIA EM ESSÊNCIA
DE EXPANSÃO

O tempo passa, você diz? Mas não é bem assim.
Nós passamos, o tempo fica.

– Austin Dobson

Queremos a todo o momento esquecer que somos mortais e finitos. A ideia de que é o tempo que se desloca nos dá a sensação que estamos parados e que não passamos. Pois o tempo aí está. Somos nós que estivemos nos anos 1970 ou 1980 e que nos deslocamos até os 1990. Este caminho de nosso deslocamento através do tempo tem sempre um ponto final de chegada. Portanto, quando olhar no relógio saiba que o tempo não passou rápido ou devagar. Foi você que se deslocou assim. Absurdo como o conceito de que é o sol que se põe, quando é a terra que gira, o passar do tempo oculta nossa própria passagem.

HOD EM IESSOD DE HESSED
REFINAMENTO EM ESSÊNCIA DE EXPANSÃO

Trate de compreender primeiro para se fazer compreender depois.

– Beca Lewis Allen

Sem que tenhamos feito o esforço para compreender os outros, fica mais difícil fazer com que nos compreendam. Esta é uma regra básica de refinamento nas comunicações. Se você perceber que uma questão se torna motivo de mal-entendido, não se esforce em demasia para fazer com que compreendam seu ponto de vista. Faça, ao contrário, muito esforço para compreender o ponto de vista do outro. Quanto mais você entender o que o outro está dizendo, mais fácil será para você colocar a sua opinião de forma a que também se faça compreender. Quem ouve bem, fala bem. A surdez é uma limitação maior que a mudez.

IESSOD EM IESSOD DE HESSED
ESSÊNCIA EM ESSÊNCIA DE EXPANSÃO

Você só pode ser livre se eu sou livre.

– Clarence Darrow

Na prática não acreditamos nesta frase. Nossa conduta é representativa de quem acredita ser possível ser livre sem ter que se preocupar com a liberdade do outro. Infelizmente, muitos se sentem até mais livres se os outros estiverem limitados e insatisfeitos. É uma fraqueza humana nos sentirmos mais abençoados quando as pessoas a nossa volta são menos afortunadas. Esta é uma barreira para a criação de um mundo melhor. É um grande desafio humano perceber que sua alegria só poderá ser plena se não estiver cercada de tristeza. Exercite-se na difícil arte de ficar feliz em meio a pessoas felizes e descobrirá, ultrapassados os bloqueios, uma alegria muito especial.

MAL'HUT EM IESSOD DE HESSED
SEGURANÇA EM ESSÊNCIA
DE EXPANSÃO

A liberdade é apenas um sinónimo para nada ter a perder.
– Kris Kristofferson

Esta frase que marcou os anos 1960 fala sobre uma importante forma de segurança. Nada ter a perder é um estado que nos permite autenticidade. Quando temos algo a perder conseguimos mascarar a realidade não só aos outros, mas pior, a nós mesmos. Quem não tem nada a perder experimenta uma segurança que nem mesmo os mais ricos deste planeta conhecem. Infelizmente só usamos esta expressão – não tenho nada a perder – quando estamos ameaçando colocar fogo no circo. Não deveria ser assim. Poder dizer isto sem mágoa e sem destrutividade é conhecer uma paz muito profunda.

MAL'HUT DE HESSED
INÍCIO DA SEMANA
LUA CHEIA

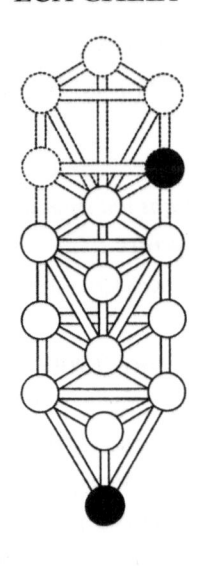

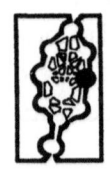

HESSED EM MAL'HUT DE HESSED
EXPANSÃO EM SEGURANÇA
DE EXPANSÃO

A sinceridade faz a pessoa medíocre muito mais interessante que um talentoso hipócrita.

– Charles Haddon Spurgeon

Não há nada que nos dê maior segurança do que a espontaneidade. Vemos isto quando estamos expostos publicamente. Uma fala com sinceridade consegue nos tocar muito mais do que uma fala inteligente. A sinceridade significa que estamos conectados com nossa própria força vital. Quem é espontâneo é querido e respeitado por todos. É parte do processo de crescimento e educação que venhamos a nos controlar mais e perder muito de nossa espontaneidade. Mas é fundamental saber resgatá-la e reavivá-la pois ela representa um recurso fantástico. Quem é espontâneo conhece a magia de se fazer presente.

G'VURA EM MAL'HUT DE HESSED
CONTRAÇÃO EM SEGURANÇA
DE EXPANSÃO

A liberdade é ficar livre das coisas que não gostamos para tornar-nos escravos daquelas que gostamos.

– Ernest Benn

A noção mais comum de liberdade é "não ter que fazer aquilo que não se quer". Sonhamos com a total liberdade quando somos donos de nosso próprio nariz. No entanto, não percebemos que fazer tudo o que queremos nos torna reféns de nossos próprios desejos. A verdadeira liberdade deve ser temperada de realizações daquilo que queremos mas também de envolvimento e compromisso com o outro, o que nos leva a fazer o que não queremos. O sentimento de que devemos optar livremente por fazer coisas que não queremos nos liberta da tirania da nossa vontade.

TIFERET EM MAL'HUT DE HESSED
EQUILÍBRIO EM SEGURANÇA
DE EXPANSÃO

O dinheiro é um terrível patrão, mas um excelente empregado.

– P. T. Barnum

O equilíbrio na questão do dinheiro depende fundamentalmente de não se permitir que este seja visto como uma meta, mas sim como um instrumento. E este é nosso grande problema com o dinheiro: com facilidade ele troca estas posições. Quando nos damos conta estamos vivendo por conta dele, e não o contrário. Compramos um carro e não percebemos que junto com a utilidade e o prazer que este oferece vem também manutenção, gasolina, seguro, multas, impostos, estacionamentos etc... Quando nos damos conta estamos trabalhando para manter o carro. Um funcionário virou patrão.

NETSAH EM MAL'HUT DE HESSED
PERMANÊNCIA EM SEGURANÇA
DE EXPANSÃO

A maior diferença entre o tempo e o espaço é que você não pode reutilizar o tempo.

– Merrick Furst

Nossa consciência está se expandindo bastante sobre a noção de permanência no espaço. Sabemos graças à ecologia que a reciclagem ou a biodegradação de alguns materiais pode levar um ano, uma década ou mesmo um século. Sabemos que certos produtos químicos podem levar milênios para ser reabsorvidos e que a radiação pode inutilizar grandes áreas por muito tempo. Estamos aprendendo sobre como a permanência se faz sobre o espaço. No entanto, ainda somos profundamente ignorantes sobre a permanência e o próprio tempo. Quanto tempo leva para recompor um tempo vivido? Quanto tempo leva para sarar uma oportunidade perdida?

HOD EM MAL'HUT DE HESSED
REFINAMENTO EM SEGURANÇA
DE EXPANSÃO

O dinheiro nunca começa uma ideia;
é a ideia que começa o dinheiro.

– W. J. Cameron

Esta é uma dica importante em tempos de desemprego e transições. Se você pensa em se expandir, não fique quebrando a cabeça tentando encontrar uma boa ideia para ganhar dinheiro. Em geral a sequência não é esta: querer dinheiro e ter uma boa ideia. Você deve apontar na direção do sustento e relaxar. Isto significa prestar atenção ao mundo e deixar canais abertos para o que chamamos de ideias. São elas que podem trazer o dinheiro. Toda ideia é uma expansão e elas estão diretamente ligadas ao sustento. São as ideias que fazem a ponte tão necessária entre trabalho e sorte.

IESSOD EM MAL'HUT DE HESSED
ESSÊNCIA EM SEGURANÇA
DE EXPANSÃO

Quando perdemos o direito a ser diferentes,
perdemos o privilégio de ser livres.

– Charles Hughes

A maior medida de liberdade é a aceitação da diferença. Muitas pessoas concebem a sua liberdade com a expectativa de que os outros sejam iguais a elas. Não se trata apenas de uma questão de tolerância. Tolerar é um esforço para conter o desprezo e a indignação. Isto em si não gera a liberdade, mas cria uma convivência tensa pronta a ser rompida com violência e preconceito. A liberdade depende da apreciação. Ou seja, da profunda consciência de que a diferença do outro é a verdadeira guardiã de nossa liberdade. A liberdade começa em casa, passa por nossos amigos e termina no respeito ao estranho.

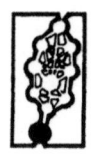

MAL'HUT EM MAL'HUT DE HESSED
SEGURANÇA EM SEGURANÇA
DE EXPANSÃO

Há duas coisas boas nesta vida – liberdade de pensamento e liberdade de ação.

– W. Somerset Maugham

O que mais podemos desejar do que estas duas liberdades? Pensar livremente não quer dizer apenas em relação aos outros. Diz respeito a nós mesmos e ao quanto não nos permitimos pensar sem censuras. Por outro lado, agir livremente também não diz respeito apenas aos outros, mas a nós mesmos. Isto porque somos muitas vezes nós que nos reprimimos e nos recalcamos. Poder pensar e agir livremente é o que de mais maravilhoso existe neste mundo. Aliás é isto que buscamos tão fervorosamente viabilizar em nosso mundo. O problema é que, para isto, temos que pensar e agir livremente.

MÊS ABSOLUTO
G'VURA

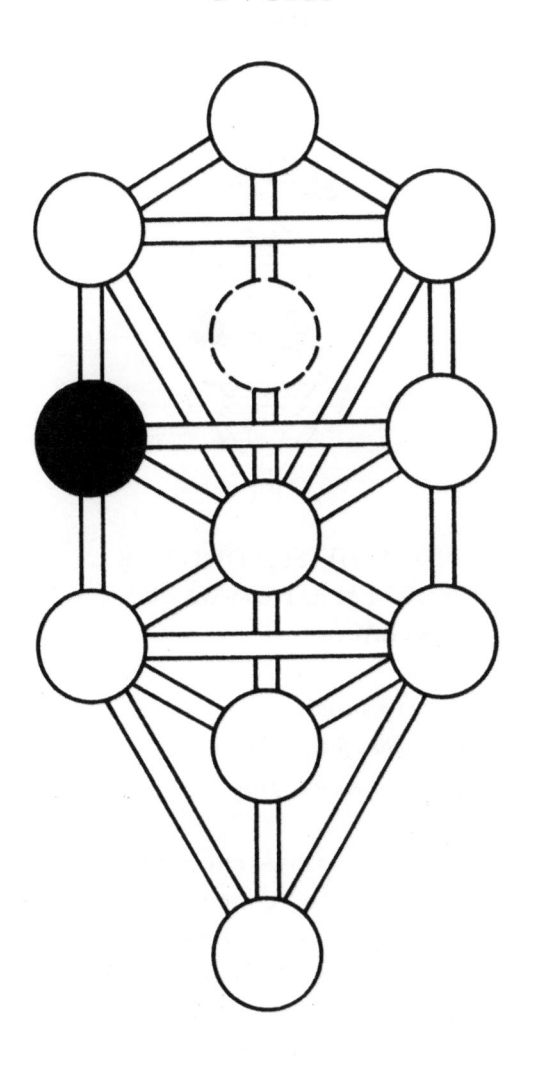

HESSED DE G'VURA
INÍCIO DA SEMANA
LUA MINGUANTE

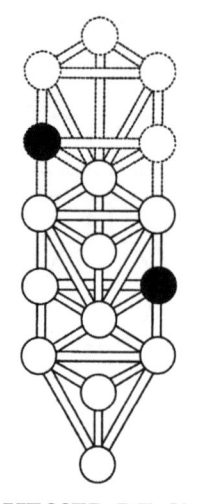

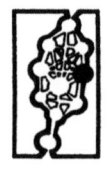

**HESSED EM HESSED DE G'VURA
EXPANSÃO EM EXPANSÃO
DE CONTRAÇÃO**

*Só tenho um princípio:
professar o mal e fazer o bem.*
— George B. Shaw

Esta frase expressa bem expansão em contração. É fundamental externarmos nossas dúvidas, enfrentarmos nossas heresias e buscarmos nossas sombras. O ser humano que não é alienado deve falar e refletir muito sobre o que considera como o mal. Ventilá-lo é a maneira mais saudável de vivê-lo. A maioria das perversões deste mundo são causadas por males que não são professados. Fala-se então do bem, evitando-se o mal, mas é o último que acaba prevalecendo. Saiba falar do que lhe é desagradável, subversivo e temeroso. É desta transparência e coragem que se torna possível fazer o bem.

G'VURA EM HESSED DE G'VURA
CONTRAÇÃO EM EXPANSÃO
DE CONTRAÇÃO

O puritanismo é o medo aterrador que alguém, em algum lugar, possa ser feliz.

– H. L. Mencken

Pessoas muito puritanas são em geral doentes. Isto porque a vida não é pura, mas é feita de lama, pó, suor e sangue. Quando nascemos já vamos logo aprendendo esta lição: o feto não é o bebê perfumado do berçário. Ele nasce envolto em matéria orgânica, líquidos e sangue. Os puritanos são pessoas muito reprimidas e como tais não podem tolerar nenhum processo de liberdade ou espontaneidade. A alegria e a sinceridade dos outros lembram ao puritano da tristeza profunda causada pela clausura de sua condição.

TIFERET EM HESSED DE G'VURA
EQUILÍBRIO EM EXPANSÃO
DE CONTRAÇÃO

Existe apenas uma coisa pior do que um coração endurecido, uma mente flácida.

Muitas vezes preferimos optar por uma postura menos rígida que não endureça o nosso coração. No entanto, há algo pior do que a insensibilidade: a irresponsabilidade. Uma mente flácida é aquela que não quer se dar ao trabalho do conflito. Pensamos que é melhor estar de bem com as pessoas do que confrontá-las. Por esta razão muitas vezes solucionamos problemas e inventamos crises. O coração duro pode cometer muitas atrocidades, mas se tem algo de mérito é enfrentar as situações e expor-se. A mente flácida posterga e se aliena. Ao invés de endurecer, calcifica-se para sempre.

NETSAH EM HESSED DE G'VURA
PERMANÊNCIA EM EXPANSÃO DE CONTRAÇÃO

É fácil acreditarmos em liberdade de expressão para aqueles com quem concordamos.

– Leo Mckern

Uma importante expressão de "expansão em contração" acontece nas intenções que não conseguimos colocar em prática. Conseguimos ser liberais com os problemas dos outros, tolerantes com os conflitos dos outros, equilibrados com as crises dos outros. No entanto nos sentimos ameaçados quando estes problemas, conflitos e crises afetam nossa maneira de ser. Saiba pegar-se nestas pequenas hipocrisias rotineiras em que dizemos algo e fazemos o contrário. A partir delas fica simples formular leis universais de comportamento que valem para todos, menos para nós, obviamente.

HOD EM HESSED DE G'VURA
REFINAMENTO EM EXPANSÃO DE CONTRAÇÃO

Um bom compositor não imita; ele rouba.

– Igor Stravinsky

Há formas de refinamento que não são totalmente puras e criativas mas que são construtivas. A maioria das pessoas que não consegue criar carece desta ousadia de saber roubar. Não se trata de plágio ou de apropriação indevida da obra de um outro indivíduo, mas da possibilidade de se deixar influenciar. Sem o passado ou sem modelos não conseguimos ir muito longe. O segredo está em manter a dosagem desta influência em níveis em que nossa própria criatividade e particularidade possam aflorar. Não há maior prazer para um autor do que se ver roubado para a criação de algo novo e positivo.

IESSOD EM HESSED DE G'VURA
ESSÊNCIA EM EXPANSÃO
DE CONTRAÇÃO

Se você leva um bofetão, leva como bônus um inimigo.

O maior custo de um ato agressivo é seu bônus. Ficamos muito mais marcados e sentidos pela reverberação do golpe da agressão do que por seus custos colaterais. No entanto, são estes custos os mais graves. Toda a violência gera um distanciamento que é mais pernicioso do que a violência em si. O sábio sabe descontar o bônus antes de buscar o principal. A paz se faz ao tornar o inimigo um próximo. Uma vez que isto é feito, então os acertos de contas pelas violências perpetradas podem ser realizados. Mas nunca reverta estes processos. O bofetão passa, é o inimigo que fica.

MAL'HUT EM HESSED DE G'VURA
SEGURANÇA EM EXPANSÃO
DE CONTRAÇÃO

A liberdade é um subproduto do excedente econômico.

– Aneurin Bevan

Não é possível existir liberdade e segurança quando há falta. Na falta se estabelecem complicadas relações sociais. Esta é uma importante conclusão a que os cidadãos de uma dada comunidade devem chegar. A razão maior para buscarmos a riqueza deve ser o desejo de usufruir de liberdade e de segurança. Infelizmente as pessoas pensam o contrário. Estocar e especular é como os cidadãos não educados buscam a segurança. Vão, então, criando abastança para si e carência para os outros. Podem assim conseguir tudo que o dinheiro compra, com exceção, é óbvio, da liberdade e da segurança.

G'VURA DE G'VURA
INÍCIO DA SEMANA
LUA NOVA

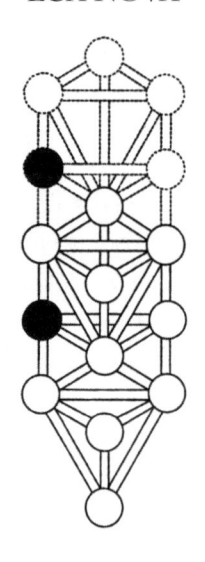

HESSED EM G'VURA DE G'VURA
EXPANSÃO EM CONTRAÇÃO
DE CONTRAÇÃO

Este mundo não está aí para ser colocado
em ordem – ele é a ordem encarnada.
Cabe a nós harmonizar-nos com esta ordem.

– Henry Miller

Para expandir-nos mesmo quando a realidade é estreita e contrita é preciso desenvolver uma sintonia fina com a vida. Quando as coisas não são da maneira que gostaríamos, experimentamos dificuldade de aceitação. "Não é justo!", exclamamos. A vida nos parece caótica e sem ordem. No entanto esta desordem é provavelmente a mais pura ordem. Uma ordem que não podemos – ou melhor, não queremos – aceitar. Em vez de consertar a vida, devemos nos aperfeiçoar para poder conviver com ela. O segredo da vida é, sem resignação, aceitar que nada é mais ordenado do que aquilo que é.

G'VURA EM G'VURA DE G'VURA
CONTRAÇÃO EM CONTRAÇÃO
DE CONTRAÇÃO

*O racismo é a maior ameaça ao ser humano –
é o máximo de ódio pelo mínimo de razão.*

– Abraham Joshua Heschel

O máximo do ódio se expresssa numa manifestação do homem contra o homem sendo, portanto, uma manifestação de auto-ódio. O mínimo de razão se expressa justamente por ver-se no outro diferenças, quando as semelhanças são tão gigantescamente maiores e mais relevantes. O que o racismo realmente esconde é nossa dificuldade em aceitar a diferença. Para muitos a diferença produz a insegurança de que sua maneira de ser seja ilegítima ou errada. Nada melhor para nossa autoafirmação do que decretar autoritariamente nosso ego como modelo universal de referência estética, inteligência e sensibilidade.

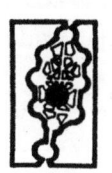

TIFERET EM G'VURA DE G'VURA
EQUILÍBRIO EM CONTRAÇÃO
DE CONTRAÇÃO

*A liberdade também inclui o direito
de gerir mal suas próprias questões.*

Podemos encontrar equilíbrio e ponderação incorrendo em erros. Isto é algo importante de reconhecermos. É comum pensarmos que o indivíduo equilibrado é aquele que de tão comedido e prudente se conduz sempre da forma mais correta. Mas não é bem assim. Para sermos livres precisamos de espaço para cometer nossos equívocos. São eles que produzirão em nós a necessária experiência para administrar nossas vidas. Os pais muitas vezes têm dificuldade em abrir este espaço a seus filhos. Algumas de nossas grandes conquistas na vida são obtidas a partir deste mau gerenciamento de nossos assuntos.

NETSAH EM G'VURA DE G'VURA
PERMANÊNCIA EM CONTRAÇÃO
DE CONTRAÇÃO

Ensina-me a viver de tal forma que eu tema tão pouco minha sepultura como temo a minha cama.

– Thomas Ken

Quando olhamos o horizonte do futuro vislumbramos sempre o fim de toda a vida. O tempo, matéria-prima de nossa existência, é também o nosso grande carrasco. Para lidarmos com a permanência sem desespero temos que aprender a conviver com o nosso fim de uma forma tranquila. Nossa experiência mais próxima é a cama. Quando as crianças são obrigadas a se entregar ao sono, não é raro que resistam. Mas o descanso está entre as experiências mais prazerosas da vida. Fiquemos acordados o máximo possível, e que a derradeira cama seja vivida como a fronteira do descanso e não do pesadelo.

HOD EM G'VURA DE G'VURA
REFINAMENTO EM CONTRAÇÃO
DE CONTRAÇÃO

Eu sou uma pessoa profundamente superficial.

– Andy Warhol

Em contração certos elementos assumem sentidos reversos. É possível transformar-se a superficialidade, desde que vivida radicalmente, em uma profunda expressão de vida. Aceitamos isto mais facilmente com a simplicidade. Não há nada mais sofisticado do que ser extremamente simples. A simplicidade pode ser muito mais complexa do que o sofisticado. Há pessoas que conseguem ser tão profundamente superficiais que nos expõem a uma beleza que nos acalma e sensibiliza. A arte de permanecer na superfície em dado momento pode ser o que de mais profundo se pode fazer.

IESSOD EM G'VURA DE G'VURA
ESSÊNCIA EM CONTRAÇÃO
DE CONTRAÇÃO

Quando eu pensava que estava aprendendo a viver,
eu estava realmente aprendendo a morrer.

– Leonardo Da Vinci

Um bebê ao nascer vem com as mãos cerradas e contraídas; ao morrer, o ser humano as tem abertas e relaxadas. Não há maior aprendizado na vida do que afrouxar a nossa mão. É a vida que nos ensina com suas difíceis lições a relaxar nossas mãos. A dureza da vida nos caleja e nos faz conhecer lentamente o jeito da morte. Esta talvez seja a razão pela qual o sonho humano de longevidade exagerada, ou até de imortalidade, seja um contrassenso. Porque viver muito acaba nos ensinando a morrer. Assim é com todo o aprendizado, pois não há graduação que não seja um término, um fim.

MAL'HUT EM G'VURA DE G'VURA
SEGURANÇA EM CONTRAÇÃO DE CONTRAÇÃO

Um ateu morto é como alguém que se enfeitou todo sem ter para onde ir.

– James Duffecy

A segurança não pertence à certeza. Para nos sentirmos seguros na vida precisamos reconhecer suas incertezas, conviver com elas e não ignorá-las. O grande problema do ateu não é sua descrença em D'us, mas sua certeza. É esta que faz com que esteja arrumado, como se para um banquete, sem ter para onde ir. Sua certeza o transforma no ser mais solitário. Patético como um solteirão da existência, o ateu inveja o não ateu. Pode ser até que a festa não seja tão especial como tentamos nos convencer, mas alguma festa já chegou aos pés da emoção de se estar preparando para ela?

TIFERET DE G'VURA
INÍCIO DA SEMANA
LUA CRESCENTE

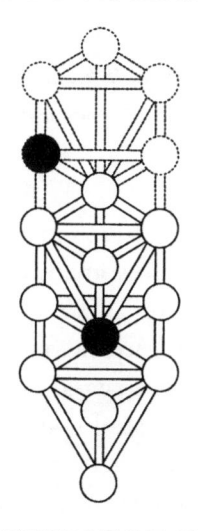

HESSED EM TIFERET DE G'VURA
EXPANSÃO EM EQUILÍBRIO
DE CONTRAÇÃO

Compreensão não significa necessariamente concordância.

Compreender os outros não significa concordar com eles. Na verdade a concordância é um mero acaso da compreensão. Devemos perceber isto em nossos conflitos e confrontos. Se nossa expectativa se expressasse pelo desejo de sermos compreendidos e não de que venham a concordar conosco, este mundo seria muito menos violento. O desejo de se chegar a uma concordância muitas vezes passa ao largo de compreendermos verdadeiramente o outro. Perceba, afinal, que é uma oportunidade fantástica quando alguém nos compreende e mesmo assim discorda de nós.

G'VURA EM TIFERET DE G'VURA
CONTRAÇÃO EM EQUILÍBRIO
DE CONTRAÇÃO

Há dois momentos na vida de uma pessoa em que ela não deve especular: quando não pode se dar ao luxo e quando pode se dar ao luxo.

– Mark Twain

A especulação e o risco excessivo são como andar vendado próximo a um abismo. Quando somamos a este perigo a cegueira de quem tem muitas posses ou de quem tem poucas, o risco se transforma em suicídio. Aquele que tem muito não valoriza seu patrimônio e pode entregá-lo sem perceber; quem tem pouco, por sua vez, fica ofuscado pelo sonho de ter suas necessidades saciadas. Só deve sair da relação esforço-recompensa para cair na relação sorte-recompensa aquele que não tem demais e aquele que não tem de menos. Como este ser humano não existe: cuidado!

TIFERET EM TIFERET DE G'VURA
EQUILÍBRIO EM EQUILÍBRIO
DE CONTRAÇÃO

Uma certa medida de oposição pode ser benéfica.
Afinal, pipas sobem contra e não a favor do vento.

– John Neal

Onde há competição todos saem ganhando. A própria vida é uma medida de competição. Portanto, todas as áreas onde queremos crescer e progredir devem possuir algum vento contra. Quantas empresas e organizações mantêm a peso de ouro pessoas que sabem se contrapor à unanimidade? Precisamos criar uma cultura em que fomentemos e dependamos de oposições.

Sempre que alguém discordar de você, ao invés de se sentir confrontado, perceba a incrível oportunidade de ouvir uma voz discordante. Quantas pipas não estariam hoje voando se tivessem admitido um pouco de vento contra.

NETSAH EM TIFERET DE G'VURA
PERMANÊNCIA EM EQUILÍBRIO
DE CONTRAÇÃO

O resultado maior da educação é a tolerância.

– Helen Keller

Não há medida mais eficaz para se averiguar o sucesso ou não de uma educação do que a tolerância. Se seu filho ou aluno se torna mais intolerante, saiba que você não o educa corretamente. As instituições educacionais de países e religiões fundamentalistas deveriam prestar atenção nisto. Todo o ódio é uma forma de deseducar. As sociedades que privilegiam o ódio em suas culturas investem em ignorância. Elas terão que desembolsar grandes recursos para reverter este processo. E não há neutralidade: quando não se cresce, se decresce. Quem estagna é sempre mais intolerante.

HOD EM TIFERET DE G'VURA
REFINAMENTO EM EQUILÍBRIO
DE CONTRAÇÃO

Nenhum ser humano é sábio o suficiente, ou bom o suficiente para que a ele se confiem poderes ilimitados.

– Charles Caleb Colton

Um dos grandes refinamentos em contração é limitar nossos próprios poderes. Todo bom profissional, todo bom companheiro numa relação amorosa e todo bom amigo limita seus poderes em relação ao outro. Todos podemos ser ladrões, mesquinhos, egoístas e injustos. Saber criar os limites para que estas condutas não ocorram é fruto da educação, do refinamento e da sensibilização do ser humano. O conceito judaico de "não pôr obstáculos na frente de um cego" reflete o que aqui se diz por "amarrar cachorro com linguiça". Ser auditor de si mesmo é um importante exercício.

IESSOD EM TIFERET DE G'VURA
ESSÊNCIA EM EQUILÍBRIO
DE CONTRAÇÃO

A estupidez dos homens sempre convida à insolência da força.

– Ralph Waldo Emerson

Não há outra forma de eliminarmos a violência, senão através da educação e do preparo. A estupidez é o vazio que se deixa preencher pela força. Na natureza a sobrevivência é obtida pelo forte que derrota o fraco. Mas a natureza busca se proteger para que não haja supremacia absoluta, o que acarretaria a extinção. Dar força ao fraco seja pela reprodução abundante, por camuflagens ou por meios de defesa equivale a formar as pessoas e esclarecê-las. As espadas e as lanças que os profetas imaginavam transformadas em ancinhos e arados talvez, algum dia, ganhem forma no papel e no lápis.

MAL'HUT EM TIFERET DE G'VURA
SEGURANÇA EM EQUILÍBRIO DE CONTRAÇÃO

Se você não tem o poder de impor à vida seus próprios termos, você deve aceitar os termos que ela lhe oferece.

– T. S. Eliot

A sabedoria milenar judaica pergunta: "Quem é poderoso?" E responde: "Aquele que domina seus impulsos." Dominar o mundo exterior está muito aquém de nossas possibilidades. O jogo da vida diz respeito a aceitarmos a vida e os impulsos que esta nos gera. Vencer a rejeição, o fracasso, o desespero, o ceticismo e o pessimismo são atos de conquista internos e de aceitação externa. Se por um lado buscamos a grandeza de reconhecer que é a vida que impõe seus termos, por outro buscamos a força que nos faz impotentes poderosos ao vivermos com alegria e sem negativismo.

NETSAH DE G'VURA
INÍCIO DA SEMANA
LUA CHEIA

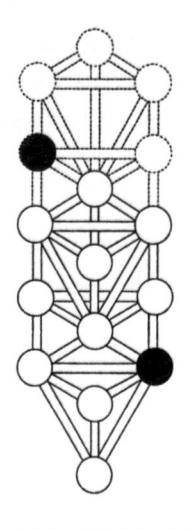

**HESSED EM NETSAH DE G'VURA
EXPANSÃO EM PERMANÊNCIA
DE CONTRAÇÃO**

Em tempos de escuridão, o olho começa a enxergar.
– Theodore Roethke

Este é um dos exemplos da natureza anatômica humana que melhor exemplifica uma expansão em contração. É uma propriedade do escuro e de nossas retinas que aquilo que nos parece uma penumbra absoluta vai, pouco a pouco, revelando contornos de luz. Os momentos de dificuldade de nossas vidas são também assim. A perda e o luto parecem inicialmente insuportáveis, mas para aquele que não fecha os olhos (quando o escuro se instala), lentamente a vida revela seus contornos de luz. O maior problema da luz não é a escuridão, mas sim o fechar dos olhos.

G'VURA EM NETSAH DE G'VURA
CONTRAÇÃO EM PERMANÊNCIA
DE CONTRAÇÃO

Na juventude corremos atrás das dificuldades.
Na velhice são elas que correm atrás de nós.

– Josh Billings

Quando somos jovens todo desafio, toda "sarna para se coçar", é positivo. Crescemos com as dificuldades e são elas que fundamentam nossa maturidade. Como num jogo de canastra, vale a pena comprar muitas cartas no princípio do jogo, antes que o parceiro possa bater. Muitas cartas na mão é algo da juventude. Na velhice a simplicidade é recomendável. Nesta fase as complicações correm atrás de nós, e evitá-las é sabedoria. Na juventude uma vida desregrada em certa medida é sinal de saúde; na velhice, no entanto, é um forte sinal de que não estamos sabendo correr das dificuldades.

TIFERET EM NETSAH DE G'VURA
EQUILÍBRIO EM PERMANÊNCIA
DE CONTRAÇÃO

Se a juventude soubesse, se a idade pudesse.

– Henri Estienne

Duas carências graves: o saber da juventude e o poder da velhice. Mas é possível uma juventude com sabedoria, ou uma velhice com poder? Isto não é uma contradição? Não. A sabedoria da juventude não é o saber em si, mas a consciência do momento que se vive. Apostar mais nas buscas e procuras sabendo que é este o momento privilegiado de fazê-lo é saber. Quanto à velhice, o poder não é um velho musculoso de sunga na praia. Poder significa saber dirigir o potencial que se tem para tudo que é possível na velhice. O que o velho pode, ele, muitas vezes, não enxerga como poder.

NETSAH EM NETSAH DE G'VURA
PERMANÊNCIA EM PERMANÊNCIA DE CONTRAÇÃO

Planeje para este mundo como se você fosse viver para sempre, mas planeje para o mundo vindouro como se você fosse morrer amanhã.
– Ibn Gabirol

Para se viver em paz como um mortal deve-se estar em dia com sua finitude. O fim não é assustador quando se vive cada momento sem a preocupação de quantos mais ainda se contabilizará. Esta entrega que permite fazer planos é fundamental. Certa vez perguntei a um homem com mais de noventa anos qual o segredo de sua longevidade. Ele me disse que fazia planos e investimentos a longo prazo. Para que se possa viver assim, fazendo planos a longo prazo, sem medo da morte, é necessário que se esteja moral e psiquicamente sem dívidas. Só quem tem tudo pronto para partir é livre para querer permanecer.

HOD EM NETSAH DE G'VURA
REFINAMENTO EM PERMANÊNCIA DE CONTRAÇÃO

Não ficamos nem melhores nem piores com a idade e sim mais parecidos conosco mesmos.
– May L. Becker

Os processos que nos transformam não são passivos, são ativos e, de certa forma, violentos. O tempo em si não acarreta transformação, a experiência e a vivência apenas aprofundam certas características nossas. Isto porque a inércia de nossa formação é muito grande e o tempo proporciona unicamente maior conhecimento de nós mesmos. O refinamento está em reconhecer-nos como este que fica cada vez mais parecido, mais exposto e aventurar-se pelos caminhos da transformação. Não há mudança sem antes desestruturarmo-nos. O tempo em si não muda, aprofunda.

IESSOD EM NETSAH DE G'VURA
ESSÊNCIA EM PERMANÊNCIA
DE CONTRAÇÃO

A força que faz o bem é também a força que causa dano.

– Milton Friedman

É impossível fazer a omelete sem quebrar os ovos. Gerenciar bem a vida significa saber acessar os custos inerentes a tudo. A vida é sempre resultante do que foi dado e do que foi recebido. Só que esta lei não é simples. Pareceria que, quando o recebido excede o que foi dado, há crescimento, caso contrário, há perda. Isto seria verdade se a vida fosse ilimitada. Nem tudo que excede faz crescer, nem tudo que se perde empobrece. As forças do bem e do dano são as mesmas. Viver é a arte de usar a mesma matéria que destrói para construir.

MAL'HUT EM NETSAH DE G'VURA
SEGURANÇA EM PERMANÊNCIA
DE CONTRAÇÃO

A morte é mais universal do que a vida; todos morrem mas nem todos vivem.

Não se preocupe com a morte, preocupe-se com a vida. A primeira está garantida, a segunda não. A verdadeira pergunta esotérica não é: "existe vida após a morte?" O místico e o poeta se perguntam se "existe vida antes da morte?". Perguntar-nos sobre o que o pós-morte tem a nos oferecer é uma desfeita à vida. A vida é tanta surpresa, tanto imprevisto e imponderável que querer especular sobre o que acontece depois dela é grosseiro. O depois da vida é um grande julgamento onde a pergunta-acusação é: "o quanto você viveu sua vida?" A surpresa de cada momento faz de cada instante a possibilidade de uma nova reencarnação.

HOD DE G'VURA

INÍCIO DA SEMANA
LUA MINGUANTE / ÚLTIMO QUARTO

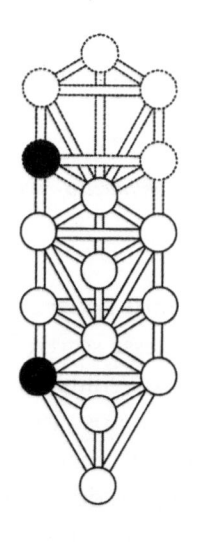

HESSED EM HOD DE G'VURA
EXPANSÃO EM REFINAMENTO
DE CONTRAÇÃO

*Ficamos pequenos na tentativa
de nos tornarmos grandes.*

– Eli Stanley Jones

Não há nada que nos diminua mais do que a tentativa de apresentarmo-nos maiores. O charme de tudo está na espontaneidade e na presença. Quem tenta se apresentar de uma certa forma não consegue nunca estar presente. Se você quiser agradar alguém, seja você mesmo e explore o que você já possui de grandioso. Portanto, para aqueles que querem verdadeiramente conquistar e principalmente aqueles que querem reconquistar

– não tentem se tornar grandes. Estar bem consigo, seguro, com autoestima elevada e com uma dose de humor é o caminho para ser grande. Qualquer outro nos diminui.

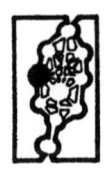

G'VURA EM HOD DE G'VURA
CONTRAÇÃO EM REFINAMENTO DE CONTRAÇÃO

A recompensa do sofrimento é a experiência.
– Ésquilo

Qual a razão do sofrimento? Poderíamos ter sido criados num mundo onde nada nos fizesse sofrer. Para isto ocorrer existem duas hipóteses: 1) nada de ruim nos aconteceria e portanto não sofreríamos ou 2) seríamos tão insensíveis que mesmo as coisas mais terríveis não nos fariam sofrer. Na primeira, a vida seria estancada. Porque aquilo que é contra os nossos interesses e nos faz sofrer acontece por conta dos interesses dos outros. Na segunda, a vida não poderia nos fazer sensíveis. Não haveria amor, arte ou sonho. Com sofrimento, reconhecemos que sofrer ainda é a melhor opção.

TIFERET EM HOD DE G'VURA
EQUILÍBRIO EM REFINAMENTO DE CONTRAÇÃO

A inteligência sem ambição é como um pássaro sem asas.
– C. Archie Danielson

O ser humano parece ter sido concebido para a ambição. Ela é o instrumento mais importante para que naveguemos pela vida afora. A ambição desenfreada, por outro lado, é um pássaro que vive para as suas asas. Encontrar o equilíbrio é o ideal. Muita inteligência e pouca ambição causa frustração e decepção. Por sua vez, muita ambição e pouca inteligência leva à perversidade. Isto porque só as asas, sem o corpo do pássaro, não têm qualquer propósito. A ambição corretamente temperada com a inteligência é a melhor forma de se buscar sustento e realização. É assim que o pássaro voa.

NETSAH EM HOD DE G'VURA
PERMANÊNCIA EM REFINAMENTO DE CONTRAÇÃO

O controle da natureza é tolamente tomado como um substituto adequado ao autocontrole.

– Reinhold Niebuhr

Conhecer os limites entre o mundo exterior e o interior é a luta constante do ser humano por refinamento. Nossos maiores erros acontecem por tornarmos externas questões internas e vice-versa. Uma das áreas de grande desequilíbrio neste mundo está na relação entre o ser humano e a natureza. Dominamos a natureza para obter segurança, autoestima e dar sentido à vida. No entanto, todos estes três itens são da esfera interna. A tradição judaica diz: "Quem é poderoso? Aquele que conquista seu impulso. O poder e a coragem são palavras do interior constantemente buscadas no exterior."

HOD EM HOD DE G'VURA
REFINAMENTO EM REFINAMENTO DE CONTRAÇÃO

Os olhos veem apenas o que a mente está preparada para compreender.
— Henri L. Bergson

É um profundo refinamento conhecermos a extensão de nossa cegueira. Não temos condição de enxergar a não ser aquilo que compreendemos. Esta é a razão de nossa perplexidade quando alguém não consegue enxergar algo que nos parece tão claro e óbvio. Saiba que enxergar significa decodificar e isto só é possível quando a mente está preparada. Por esta razão "ver para crer" é uma proposta fadada ao fracasso. A vida é crer e entender para então ver. O invisível é produto de nossa ignorância. Portanto lembre-se: a verdadeira cegueira é uma medida não tanto do que não vemos mas do que ignoramos.

IESSOD EM HOD DE G'VURA
ESSÊNCIA EM REFINAMENTO DE CONTRAÇÃO

As pessoas precisam de tempos difíceis e adversidades para desenvolver músculos psíquicos.
— Frank Herbert, *Dune*

Uma essência fundamental da vida é a maneira pela qual algo se forma. Quando queremos melhorar nosso corpo adquirindo mais força e condição física, passamos a conhecer a natureza do processo formativo. Dar nova postura a uma pessoa ou criar novos hábitos exige um constante esforço para romper com as formas anteriores. Não basta se conscientizar nem fazer um exercício puxado uma única vez. Com a vida emocional e espiritual é muito semelhante. Um único ato de rompimento não modifica nada. O exercício destes músculos é feito pelo enfrentamento constante daquilo que nos perturba, nos oprime e nos desafia.

MAL'HUT EM HOD DE G'VURA
SEGURANÇA EM REFINAMENTO
DE CONTRAÇÃO

Quanto mais você aperta na mão, menos você tem.

– Provérbio

Uma lição importante sobre segurança diz respeito a não querer controlar em demasia. Quando queremos demais, quando se faz necessário possuir, então estamos prestes a perder. Isto vale para a vida material e afetiva. Muitas paixões se extinguem porque se perdem no desejo de possuir. Ninguém é de ninguém assim como nada é de ninguém. Quando morremos não levamos nada conosco do mundo material. Mas também não levamos nada do mundo afetivo. A matéria pertence à vida, assim como os amores. Pare de tentar ter e você terá muito mais. Largue, pois é assim que se retém.

IESSOD DE G'VURA
INÍCIO DA SEMANA
LUA NOVA

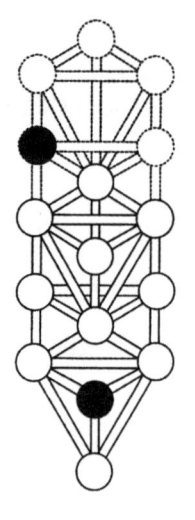

HESSED EM IESSOD DE G'VURA
EXPANSÃO EM ESSÊNCIA DE CONTRAÇÃO

Quando estiver caminhando pelo "vale das sombras", lembre-se: a sombra é sempre criada por um foco de luz.

– H. K. Barclay

Quando estiver no sufoco, nunca se esqueça de que ele é produzido pela essência da luz. Existe na dificuldade a semente de algo melhor. Por isto não devemos temer as situações novas e os desafios. Mergulhar de cabeça na vida proporciona sempre o crescimento e o movimento que são fundamentais para a felicidade. Não tema as sombras mas perceba-as como grandes oportunidades. Se toda vez que você se defrontar com as sombras puder se dar conta de que elas não são produto da penumbra, mas sim de um foco de luz, talvez as coisas fiquem mais leves.

G'VURA EM IESSOD DE G'VURA
CONTRAÇÃO EM ESSÊNCIA
DE CONTRAÇÃO

Aquilo que se propõe a dar luz,
deve suportar a queimadura.

— Viktor E. Frankl

O efeito da luz pressupõe a liberação de energia e muitas vezes o aquecimento. Quando nos confrontamos com nosso potencial de oferecer luz a nós mesmos e ao mundo, devemos reconhecer o calor envolvido nesta possibilidade. O ego é o elemento em nós que mais resiste à luz. Sua tolerância a queimar é mínima. Quando fazemos algo com a intenção de gerar luz devemos estar atentos à presença de nosso ego. Seu envolvimento é com certeza um obstáculo à verdadeira experiência de iluminação. Porque o ego quer luz, mas detesta a sua natureza queimante.

TIFERET EM IESSOD DE G'VURA
EQUILÍBRIO EM ESSÊNCIA
DE CONTRAÇÃO

Os seres humanos sempre tropeçam em pedras,
nunca em montanhas.

— Emilie Cady

A natureza do tropeço é a desatenção. Não tropeçamos em coisas fundamentais, coisas grandes. Tropeçamos nos detalhes. Nas relações humanas vemos isto com grande clareza. O convívio fica difícil nas pequenas coisas da rotina e não necessariamente em divergências sobre as essências da vida. Nada é tão importante como o detalhe. É dele que a vida é feita. Se você deseja equilíbrio não fique olhando tanto para as montanhas como grandes obstáculos, olhe para o chão e descubra nele o detalhe que o faz tropeçar. Nosso olhar pode fixar-se à frente na direção das montanhas, mas nosso pé, por sua vez, deve estar no chão, lidando com as pedras.

NETSAH EM IESSOD DE G'VURA
PERMANÊNCIA EM ESSÊNCIA
DE CONTRAÇÃO

Sem pressão não há diamantes.
– Mary Case

A permanência da pressão cria grandes maravilhas. Quem suporta grandes dificuldades na vida e consegue não se tornar amargo e cínico produz em si o efeito do diamante. Um carvão grosseiro, sem brilho, vai se transformando num cristal que sabe conter em si muita luz e irradiá-la. O ser humano também é assim. Nossa luz começa a ser especial quando experimentamos a vida e suas vicissitudes e preservamos um senso de paz e de esperança. Quem consegue fazer isto vai desenvolvendo facetas de luz, pois vai polindo superfícies brutas e lapidando a si mesmo em algo raro e muito valioso.

HOD EM IESSOD DE G'VURA
REFINAMENTO EM ESSÊNCIA
DE CONTRAÇÃO

A incerteza e o mistério são energias da vida. Não as tema pois elas afastam o tédio e convidam a criatividade.
– R. I. Fitzhenry

Um refinamento essencial da contração é tornar bem-vindas as incertezas e os mistérios. Sem ambos a vida perde colorido. No entanto, sabemos que a busca humana constante é por certezas e controle. Refine-se a ponto de não temer essas energias. Elas nos assustam num primeiro momento (para ser sincero num segundo e terceiro momentos também). Mas quando lhes permitimos fazer pane de nós, torna-se impossível viver sem convidá-las. Não se pode conhecer a realidade sem estas forças. O maior alienado é aquele que as afasta de si.

IESSOD EM IESSOD DE G'VURA
ESSÊNCIA EM ESSÊNCIA
DE CONTRAÇÃO

Não se pode alcançar a alvorada
salvo pelo caminho da noite.

– Kahlil Gibran

Pelos caminhos do crescimento e do sofrimento não há atalhos. Na verdade não queremos atalhos. Se perguntarmos a uma criança se ela deseja tomar um banho, ou escovar os dentes, ou ir ao médico ela irá dizer não. "Não há outro meio de fazer isto?", elas perguntam. Atalho é algo que nos leva mais rápido ao lugar que desejamos. Mas na vida e sua finitude, o fim certamente não é aonde queremos chegar. Quem pegaria um atalho se o prazer da jornada estivesse nela e não em seu destino? Tenha coragem e fé entendendo a noite sempre como o mais legítimo percurso para o amanhecer.

MAL'HUT EM IESSOD DE G'VURA
SEGURANÇA EM ESSÊNCIA DE CONTRAÇÃO

Os contratempos são como facas: eles podem nos servir ou nos cortar dependendo se os pegamos pelo cabo ou pela lâmina.

– James Russell Lowell

Aqui está um dos grandes segredos da segurança. Tudo que nos assegura pode nos servir (nossa intenção inicial) ou nos cortar. Saber encarar os acontecimentos de nossa vida com o mesmo cuidado com que pegamos as facas é fundamental. Mesmo as coisas boas que nos acontecem, se as seguramos pela lâmina, acabam nos cortando. Se diante de uma boa notícia você formula uma compreensão do mundo que lhe garante que D'us está do seu lado, tome cuidado. Não que Ele não esteja, mas certamente não é prioridade divina fazer a sua vontade. Enxergar a vida assim é tomar a faca pela lâmina.

MAL'HUT DE G'VURA
INÍCIO DA SEMANA
LUA CRESCENTE / PRIMEIRO QUARTO

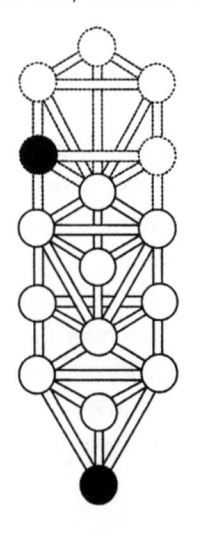

HESSED EM MAL'HUT DE G'VURA
EXPANSÃO EM SEGURANÇA
DE CONTRAÇÃO

Nosso poder não está tanto em nós como através de nós.

– Harry Emerson Fosdick

Para expandir-nos com segurança devemos estar cientes de quem somos. O ser humano em si não é nada. Comparável a formiga que o vento leva ou mais um número na Criação. Mas através dele, maravilhas se fazem possíveis. Isto significa que nossas ações e comportamentos são o que realmente contam. Não temos nenhum título especial tal como "a ponta da cadeia evolutiva" ou "a imagem e semelhança de D'us". Podemos ocupar estes lugares, mas eles não são nossos de nascença. Saber ser um canal, mais do que querer assumir a condição de fonte, é o que faz o ser humano especial e lhe traz paz.

G'VURA EM MAL'HUT DE G'VURA
CONTRAÇÃO EM SEGURANÇA DE CONTRAÇÃO

Um mentiroso conta suas histórias tantas vezes que acaba por acreditar nelas.

Mentir é um ato de dupla contração. É impossível ludibriar o outro sem ludibriar a si mesmo. Este é o efeito colateral da mentira: de alguma forma acreditamos nela. Pouco a pouco a mentira nos retira da realidade e vamos perdendo pé em nossas vidas. Procure perceber as pequenas mentiras, aquelas que no cotidiano lhe dão segurança e o defendem do medo ou da vergonha. Por parecerem detalhes elas vão se tornando companheiras e se insinuam como verdades ao próprio mentiroso. Quem conhece suas pequenas mentiras fica mais perto da verdade.

TIFERET EM MAL'HUT DE G'VURA
EQUILÍBRIO EM SEGURANÇA DE CONTRAÇÃO

As únicas pessoas realmente felizes são as mulheres casadas e os homens solteiros.

– H. L. Mencken

Saber reconhecer que todos somos constituídos de masculino e feminino em nossa natureza é fundamental. Os homens que mais relutam em aceitar isto deveriam lembrar-se que são feitos de cromossomos misturados (XY) – masculinos e femininos. Portanto, o verdadeiro equilíbrio está em descobrirmos que há algo em se estar casado que é essencial para nossa segurança, como há algo em permanecer solteiro que também o é. O casamento e a liberdade devem estar juntos. Saber ser solteiro num bom casamento, que é o contrário de trair o cônjuge, é uma máxima do equilíbrio.

NETSAH EM MAL'HUT DE G'VURA
PERMANÊNCIA EM SEGURANÇA DE CONTRAÇÃO

Se começamos com certezas, terminamos na dúvida; mas se nos contentamos em começar com dúvidas, terminamos na certeza.

– Francis Bacon

O que permanece é sempre o que se nutre da dúvida. A certeza, como ato primeiro, é passageira. Diz a tradição judaica: "As controvérsias que permanecem são aquelas feitas em nome dos céus." As controvérsias mesquinhas ou por interesses particulares se desvanecem com o tempo. Elas começam com a certeza de querer provar um certo ponto de vista. As controvérsias verdadeiras são aquelas nas quais estamos prontos a ouvir e argumentar. São, portanto, fertilizadas da dúvida – do coração e da alma abertos.

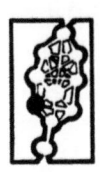

HOD EM MAL'HUT DE G'VURA
REFINAMENTO EM SEGURANÇA DE CONTRAÇÃO

Num mundo que nos aterroriza, ratificamos aquilo que não nos ameaça.

– David Mamet

Um dos segredos da segurança é temer-se apenas aquilo que exige de nós temor. Todo o temor exagerado acaba legitimando a si próprio. Por isto devemos estar todos interessados num mundo de maior confiança. Quanto mais confiarmos uns nos outros, menos razão teremos para temer. Com isto temos chance de re-duzir nossos temores àquilo que merece de nós este sentimento. Um dia nosso temor se reduzirá ao mínimo, descobriremos o quantum (quantidade mínima) de temor. Ele se restringirá ao medo de não estarmos sendo verdadeiramente nós mesmos.

IESSOD EM MAL'HUT DE G'VURA
ESSÊNCIA EM SEGURANÇA
DE CONTRAÇÃO

Não há mal que seja nobre: mas a morte é nobre;
portanto a morte não é do mal.

– Citium Zeno

O fundamento de segurança na vida é não temer a morte. Para isto devemos percebê-la como parte da estrutura da vida. Por esta razão ela é nobre. Sua função, sua razão e sua origem acontecem na vida. A morbidez é uma das maiores distorções que o ser humano pode experimentar. A morte não é mórbida, somos nós que a fazemos assim. Há culturas pelo planeta afora que festejam a morte como um rito de passagem. Aliás, tudo que é vivido pela perspectiva da passagem é sempre mais fácil. Saiba que o mundo, as coisas e os seus estão de passagem. Nada mais digno e natural ao que está de passagem que passe.

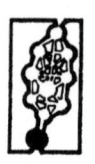

MAL'HUT EM MAL'HUT DE G'VURA
SEGURANÇA EM SEGURANÇA
DE CONTRAÇÃO

Apenas uma coisa é certa – nada é certo.
Se esta afirmação é verdadeira, é também falsa.

A segurança absoluta é a morte. Se optamos pela vida e não pela morte, devemos trilhar o caminho da incerteza. Quem se cerca de certezas, quem arrisca pouco, vai delineando para si próprio a experiência da morte. No entanto, este paradoxo é importante. "Nada é certo" é uma verdade constatada a cada momento, mas que se contrapõe a si mesma. Portanto, devem existir algumas coisas que são certas. Destas últimas se fazem as crenças, a fé e a confiança. Agarre-se nelas para encontrar a coragem e a sapiência de afirmar – uma coisa é certa: nada é certo.

MÊS ABSOLUTO
TIFERET

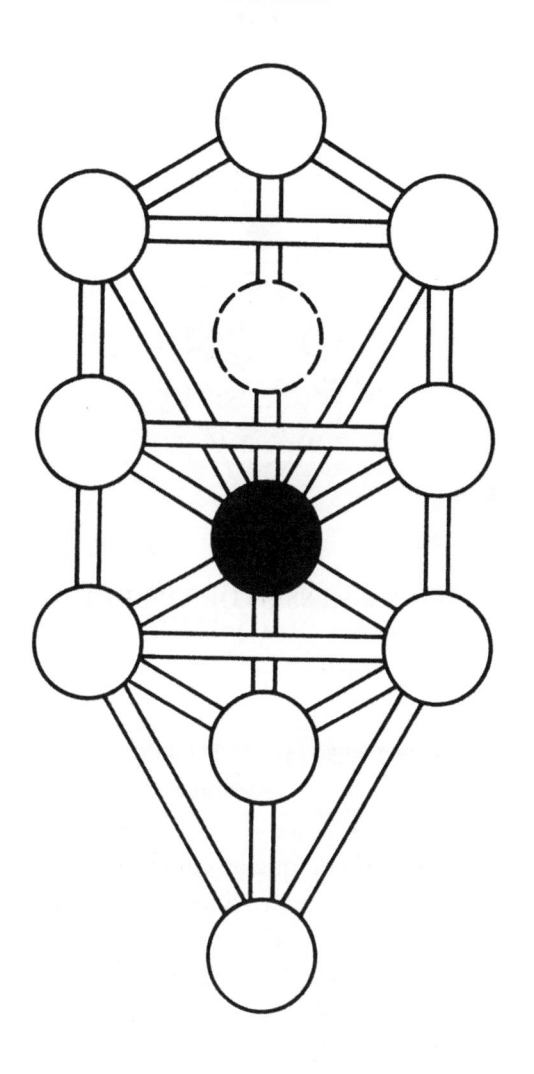

HESSED DE TIFERET
INÍCIO DA SEMANA
LUA CHEIA

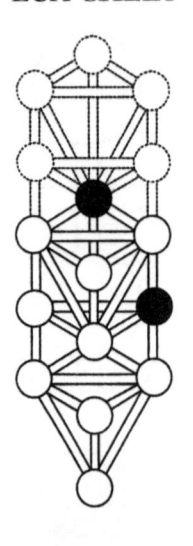

HESSED EM HESSED DE TIFERET
EXPANSÃO EM EXPANSÃO
DE EQUILÍBRIO

A vida é uma longa lição sobre humildade.

– Sir James M. Barrie

Não há a menor dúvida de que as conclusões de uma vida giram em torno do despertar para a humildade. Quem somos nós? Qual é a nossa força? Que poder têm nossos heróis ou aqueles que tememos? Expandir-se duplamente em equilíbrio diz respeito a esta descoberta. Não há como expandir-nos sem o reconhecimento da insignificância de nossa vida. Quando nos expandimos sem humildade produzimos ilusão e alienação. Saiba que a humildade não nos leva a descobrir nossa pequenez, muito pelo contrário. Nossa grandeza só é manifesta a partir da certeza de que não somos nada.

G'VURA EM HESSED DE TIFERET
CONTRAÇÃO EM EXPANSÃO
DE EQUILÍBRIO

A compreensão deve vir aos poucos,
caso contrário pode se tornar insuportável.

– Idries Shah

O ato de compreender algo exige uma transformação total de um indivíduo. Se você diz que compreendeu algo e isto não afeta sua conduta, sua postura, seu pensamento, seu discurso, suas dúvidas e sua perspectiva, então você não compreendeu nada. Por esta razão compreender algo deve acontecer gradativamente. Caso contrário nos assustamos ao percebermos que compreender faz de nós pessoas diferentes. E aquele que somos reluta e se defende para existir. Tenha carinho por quem você é: compreenda e mude, mas muito gentilmente.

TIFERET EM HESSED DE TIFERET
EQUILÍBRIO EM EXPANSÃO
DE EQUILÍBRIO

Uma vez que aceitemos nossos limites,
podemos transcendê-los.

– Brendan Francis

Para expandir-nos com equilíbrio é imprescindível conhecer limites. Toda criança em fase de crescimento e formação precisa de limites para ter equilíbrio. A expansão é em si um processo de perda de equilíbrio, de mudança de eixos e de centros de gravidade. Para reencontrar o equilíbrio, quem cresce precisa estar constantemente reaprendendo sobre os limites antigos ultrapassados e os novos que lhe surgem. É esta tarefa de mapear limites que nos permite o processo contínuo de mudança e expansão. O escravo que não conhece o seu feitor jamais se fará livre.

NETSAH EM HESSED DE TIFERET
PERMANÊNCIA EM EXPANSÃO
DE EQUILÍBRIO

Viva como se estivesse vivendo pela segunda vez após ter vivido errado da primeira vez.
– Viktor E. Frankl

Permitir-se uma segunda chance é algo imprescindível. Muitos caminhos de nossas vidas são vividos como se fossem os únicos possíveis quando não o são. Convide o pensamento perigoso e subversivo: "e se fosse diferente?" Muitas vezes nos perguntamos isto quando já é tarde demais. Não espere pela segunda chance, faça-a. Errar e corrigir é o curso humano. Acertar é um acidente. A tragédia acontece quando o acidente não se dá e nós tomamos esta realidade por destino. D'us ri, não, D'us chora ao nos ver bancando o que "está escrito". A caneta está em nossas mãos.

HOD EM HESSED DE TIFERET
REFINAMENTO EM EXPANSÃO
DE EQUILÍBRIO

A ironia é a higiene da mente.
– Elizabeth Bibesco

A ironia é um instrumento imprescindível da consciência humana. Ela funciona de maneira a ajudar nos processos de aceitação da realidade. Quando não conseguimos compreender coisas da vida, a ironia pode ser uma maneira de dar com os ombros mas sem desesperança. Esta é a qualidade mais importante da ironia, ela liberta a mente de expectativas sem que seja às custas da esperança. O irônico ri do destino mas não abre mão ou desiste dele. Não foram poucas às vezes onde a ironia, coletiva ou individualmente, serviu aos propósitos de sobrevivência. O riso também é o último recurso.

IESSOD EM HESSED DE TIFERET
ESSÊNCIA EM EXPANSÃO
DE EQUILÍBRIO

Um pressentimento de uma mulher é mais preciso do que uma certeza de um homem.

– Rudyard Kipling

Quando falamos de expansão de equilíbrio devemos reconhecer áreas onde a sensibilidade é mais eficaz do que o raciocínio. A mulher percebe através de seus sentidos coisas que as estratégias e as averiguações dos homens não alcançam. É essencial reconhecer estas áreas onde a precisão do "sexto sentido" é superior. Permitir que isto se expresse nas relações humanas e na sociedade pode vir a ser o grande passo do futuro. Nossa civilização foi construída por homens pensando. Quanta iluminação estamos por descobrir ao permitirmo-nos guiar pelos pressentimentos da mulher?

MAL'HUT EM HESSED DE TIFERET
SEGURANÇA EM EXPANSÃO
DE EQUILÍBRIO

Quando não estamos seguros, estamos vivos.

– Graham Greene

Não há maior segurança do que preservar espaços para a insegurança. Quem busca a segurança através da eliminação da insegurança trava uma luta inglória cuja derrota é sempre iminente. É importante mantermos uma boa relação com a incerteza. A vida e sua beleza estão intimamente ligadas à transformação e à incerteza. Quando os caminhos já estão predeterminados, a vida perde força. Talvez o livre-arbítrio nada mais seja do que a forma humana de expressar uma verdade universal de toda a vida: sem flutuações, interações, escolhas e apostas não é possível se estar vivo.

G'VURA DE TIFERET
INÍCIO DA SEMANA
LUA MINGUANTE / ÚLTIMO QUARTO

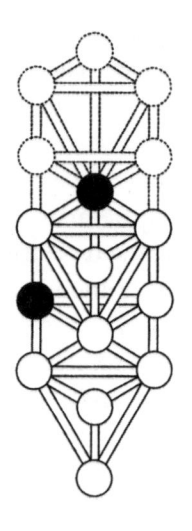

HESSED EM G'VURA DE TIFERET
EXPANSÃO EM CONTRAÇÃO
DE EQUILÍBRIO

O otimista proclama que vivemos no melhor de todos os mundos, e o pessimista tem medo de que isso seja verdade.

– James Branch Cabell

Há em nós um otimista que percebe a possibilidade dos sonhos e da realidade serem uma mesma coisa. Já o pessimista presente em nós acha que sonhos e realidade são incompatíveis. Por isso, o equilíbrio que ocorre da mescla da expansão e da contração é importante. O pessimista perde sua vida preso à inércia; já o otimista se torna um alienado. É importante perceber que o otimista também nos traz grande angústia. Trata-se do medo de não se estar em contato com a realidade. Coloque o pessimista e o otimista em contato um com o outro. É deste dialogo que surge a verdadeira esperança.

G'VURA EM G'VURA DE TIFERET
CONTRAÇÃO EM CONTRAÇÃO
DE EQUILÍBRIO

A tragédia da vida não é tanto o que o ser humano sofre, mas aquilo que ele deixa de fazer.
— Thomas Carlyle

Esta é uma realidade das mais importantes. Como rabino sempre temi defrontar-me com o sofrimento dos seres humanos – suas doenças e mazelas. No entanto, o que de mais terrível vi foi a tristeza do olhar daqueles que desperdiçaram oportunidades nesta vida. Não estar conectado compreendendo as necessidades e vontades de nosso corpo e de nossa alma nos leva à maior tragédia possível a um ser humano. Fique atento à vida. Faça, ouse e busque. Mas, acima de tudo, não ouça ninguém sem ter antes escutado o seu coração.

TIFERET EM G'VURA DE TIFERET
EQUILÍBRIO EM CONTRAÇÃO
DE EQUILÍBRIO

Em duas palavras posso resumir tudo que aprendi sobre a vida: ela continua.
— Robert Frost

Localizar-se nos problemas de nossas vidas exige sempre recordar esta afirmação. Nem o desespero nem a euforia resistem à compreensão de que a vida continua. Ela não para nem se desagrega, seja qual for a alegria ou a catástrofe. Se o suicida soubesse disso estaria extinta esta prática. Na verdade, é este o sentido da vida que se opõe ao suicídio – nem nossa própria morte interrompe os processos da vida. Mesmo porque o suicida morre e seus problemas permanecem, muitas vezes agravados. Sua ausência é uma pena, um pecado. A vida continua e quem sabe disso a vive mais fácil.

NETSAH EM G'VURA DE TIFERET
PERMANÊNCIA EM CONTRAÇÃO DE EQUILÍBRIO

A vida é uma doença sexualmente transmitida.

– Guy Bellamy

Uma das maneiras de compreendermos este mundo é olhando para sua realidade mais ínfima. O mundo microscópico nos mostra muito bem a relação entre bem e mal. Não há outro lugar onde aquilo que faz bem e aquilo que faz mal estejam tão próximos. Um vírus é hoje tanto um inimigo invasor como um aliado em pesquisas, e pode trazer ao ser humano curas e alívios. Há também simbioses microscópicas em nosso corpo que nos oferecem benefícios. Lembrar que a vida depende de células vivas microscópicas, sexualmente transmitidas, nos dá maior ponderação sobre as relações entre o bem e o mal.

HOD EM G'VURA DE TIFERET
REFINAMENTO EM CONTRAÇÃO DE EQUILÍBRIO

A vida é como comer alcachofra, você tem que passar por tanta coisa para ter acesso a tão pouca coisa.

– Thomas A. Dorgan

Os esforços da vida são imensos. O simples ato de apertar a mão de outra pessoa exige mobilizar dezenas de músculos e intrincados processos de boa vontade disseminados pelo coração e pela mente. A vida representa milhões, bilhões de anos de esforço e aprimoramento. O fato de que dela parecemos tirar tão pouco não deveria nos deixar deprimidos, muito pelo contrário. Devemos aprender a valorizar as conquistas, pois elas são justamente o resultado de fantásticos esforços e batalhas. Quem gosta de alcachofra sabe disto. Além do mais, ela é bastante saudável.

IESSOD EM G'VURA DE TIFERET
ESSÊNCIA EM CONTRAÇÃO
DE EQUILÍBRIO

Se a vida vale a pena? Esta é uma questão para um embrião, não para um ser humano.

– Samuel Butler

Ficar pensando como as coisas poderiam ter sido ou o porquê das coisas é uma atitude daqueles que não estão de bem com a vida. Há perguntas cujo tempo prescreve. Elas podem ser ainda bastante importantes do ponto de vista filosófico, mas existencialmente perdem valor. Pular do trampolim e pensar se seria melhor estar sentado vendo televisão é um ato de recusa de estar presente no momento. Muitas de nossas perguntas sobre a vida são uma forma de fugirmos dela. Saiba que o porquê e o como dependem do quando.

MAL'HUT EM G'VURA DE TIFERET
SEGURANÇA EM CONTRAÇÃO
DE EQUILÍBRIO

Ele sofria de paralisia por análise.

– Provérbio

Ponderar possui seu lado de contração. Aquele que analisa profundamente todas as questões se paralisa. Toda ação depende do bom senso de interrompermos um processo de análise. Mesmo uma terapia psicanalítica deve saber perceber quando se torna excessivamente mental. A segurança depende sempre de algum risco e a análise em excesso torna-se uma obsessão que visa evitar o risco. Não há maior equilíbrio do que uma reflexão que não fique restrita à cabeça. Pensar com o resto do corpo, diferente do que a religião muitas vezes nos diz, traz grande sabedoria.

TIFERET DE TIFERET
INÍCIO DA SEMANA
LUA NOVA

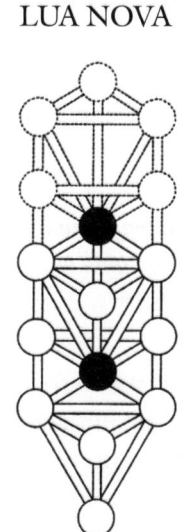

HESSED EM TIFERET DE TIFERET
EXPANSÃO EM EQUILÍBRIO
DE EQUILÍBRIO

No momento em que você aceita menos do que merece, você ganha ainda menos do que aquilo que aceitou.

– Maureen Dowd

Esta é uma importante dica da expansão: ela é sempre um ato de coragem e valorização. Expandir-se com timidez é querer iludir-se de um processo que não está acontecendo. Quando aceitamos menos do que deveríamos, incorremos num erro que nos levará a outras perdas. Tenha sido por medo, falta de ambição, ou o que seja, lembre-se que o equilíbrio não está em fazer-se uma transação de forma minimalista. Toda negociação exige um esforço por maximizar. Evitando cair-se na arrogância, na ganância ou na cobiça, devemos buscar sempre o que nos é merecido. O problema não é ter menos, mas buscar menos.

G'VURA EM TIFERET DE TIFERET
CONTRAÇÃO EM EQUILÍBRIO
DE EQUILÍBRIO

*É tolo desejar uma longa vida
sem se preocupar com uma boa vida.*
– Thomas Kempis

É muito grande a energia que despendemos esperando longevidade. Sonhamos com a quantidade e deixamos para segundo plano a qualidade. Perceber isto não só melhora nossa atenção ao que estamos fazendo e do jeito que estamos fazendo, como oferece um outro benefício. A qualidade nos faz descobrir que ligamos muito pouco para a quantidade. É este o prazer do poeta, do artista e do iluminado. Seu destemor tem origem na qualidade do sentimento e da experiência. Quem descobre o bom se despreocupa do muito.

TIFERET EM TIFERET DE TIFERET
EQUILÍBRIO EM EQUILÍBRIO
DE EQUILÍBRIO

*A vida, aprendemos tardiamente, está em viver-se
a fibra, a malha, de cada uma de nossas horas.*
– Stephen B. Leacock

Viver é uma arte. Pressupõe um equilíbrio instável que só é alcançado no momento. Infelizmente nosso passado e a pressão por construirmos um futuro nos retiram do lugar onde podemos produzir esta arte. Não há maior equilíbrio do que o daquele que vive o momento. Quem quer fazer, quem quer ter prazer, quem quer possuir ou mesmo quem quer dar não alcança o verdadeiro equilíbrio que é a integração de todos estes quereres. Faça-se presente e você terá o maior ressarcimento a seu alcance – viver.

NETSAH EM TIFERET DE TIFERET
PERMANÊNCIA EM EQUILÍBRIO DE EQUILÍBRIO

Os sucessos de seu passado bloqueiam a visão de seu futuro.
– Joel A. Barker

É difícil reconhecermos, mas todos os sucessos do passado se transformam em bloqueios para nossa visão. Achamos que o que deu certo no passado é a melhor forma para nos conduzirmos no presente e isto é um grave engano. Tudo é dinâmico demais e o que funcionou ontem pode não funcionar hoje. Muitos fracassos acontecem porque as pessoas não conseguem aceitar isto. Agir automaticamente por conta de nossos sucessos do passado impede uma percepção mais cuidadosa da realidade. Neste sentido, os fracassos do passado são definitivamente mais saudáveis para uma melhor visão do futuro.

HOD EM TIFERET DE TIFERET
REFINAMENTO EM EQUILÍBRIO DE EQUILÍBRIO

Nosso limite maior é a imagem que temos de nós mesmos.
– Orison Swett Marden

A maneira pela qual nos percebemos influencia tudo em nossas vidas. Se queremos mudar nosso destino temos que primeiro mudar nossa autoimagem. É mudando a maneira com que nos percebemos que podemos alterar o que já está determinado para nós. Os grandes fracassos de nossa vida são causados pela falta desta compreensão. Tentamos mudar o mundo externo mas nossa visão de nós mesmos e de nosso destino permanece a mesma. A cada piscar de olhos, a cada sonho e a cada suspirar acabamos reforçando o modelo velho de nós mesmos. O ser humano é prisioneiro de sua máscara.

IESSOD EM TIFERET DE TIFERET
ESSÊNCIA EM EQUILÍBRIO
DE EQUILÍBRIO

Ter-se visão sem ação é sonhar acordado.
Ter-se ação sem visão é um pesadelo.

– Provérbio japonês

A essência do equilíbrio é a integração entre a ponderação e o impulso. Só a ponderação nos torna impotentes e apáticos. Só o impulso nos leva a loucuras e a grandes perigos. No entanto, se a ponderação e o impulso são um a negação do outro, como é possível integrá-los? Integrá-los significa saber quando privilegiá-los. A ponderação que chega à conclusão que é melhor entregar-se ao impulso, ou o impulso que espontaneamente se volta à ponderação são a forma de integrá-los. Para chegar neste nível a ponderação deve conhecer seu limite e o impulso, seu potencial destrutivo.

MALHUT EM TIFERET DE TIFERET
SEGURANÇA EM EQUILÍBRIO DE EQUILÍBRIO

Devemos aprender a nos guiar pela luz das estrelas e não pela luz de cada navio que passa.

– Omar Nelson Bradley

Esta é uma das mais verdadeiras fontes de segurança. Estabelecer nossas referências por aquilo que é mais real e constante nos permite uma melhor localização na vida. A moda, o imediatismo e o ego são luzes de navios que passam. Infelizmente a maioria das pessoas se guia por estes parâmetros. É isto que explica o resultado medíocre de tantas vidas ou mesmo, em nível coletivo, a insegurança do mundo em que vivemos. Nossa civilização tornou-se tão rápida, suas referências tão relativas, que nem sequer conseguimos ver que ainda há luzes de estrelas. Olhe para cima, não apenas para o lado.

NETSAH DE TIFERET
INÍCIO DA SEMANA
LUA CRESCENTE / PRIMEIRO QUARTO

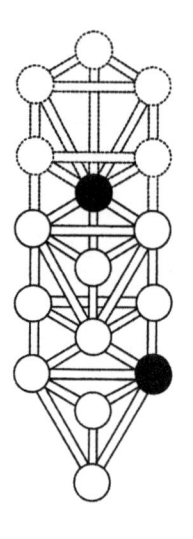

HESSED EM NETSAH DE TIFERET
EXPANSÃO EM PERMANÊNCIA
DE EQUILÍBRIO

*Só quem consegue ver o invisível
pode realizar o impossível.*

– Frank Gaines

Ficamos surpresos em ver certas conquistas realizadas por outras pessoas. Não compreendemos como conseguiram ter sucesso em seus feitos porque não enxergamos o que elas enxergaram. Há sempre algo que é compreendido por trás da realização do impossível. Como uma mágica, também depende que a relação causa e efeito fique invisível ao público. Em outras palavras, o impossível é um possível que a percepção humana não apreende. A vida é um grande treinamento de ver o invisível que nos circunda.

G'VURA EM NETSAH DE TIFERET
CONTRAÇÃO EM PERMANÊNCIA
DE EQUILÍBRIO

A maturidade é saber quando ser imaturo.

– Randall Hall

A contração representa sempre a sombra. Nenhuma medida de equilíbrio humano pode ser absoluta. O ser humano é mutável e resultado de uma sofisticada combinação de forças. O indivíduo maduro que não sabe ser imaturo é aquele que não sabe brincar e que carece de senso de humor. É o adulto que substituiu a criança quando o verdadeiro crescimento é conviver com a criança existente em nós. É nesta criança que estão armazenadas as ingenuidades, as espontaneidades e as gargalhadas. Não permita que a vida o faça tão sério e ponderado a ponto de você ser profundamente imaturo.

TIFERET EM NETSAH DE TIFERET
EQUILÍBRIO EM PERMANÊNCIA
DE EQUILÍBRIO

A coisa mais importante na vida não é tanto saber onde você está, mas em qual direção você está se movendo.

– Oliver Wendell Holmes

Quem você é não é tão importante quanto em quem você está se transformando. Um automóvel pode estar subindo uma montanha mas já está sem gasolina. Para o observador externo ele continua subindo, mas isto é temporário. Sua aceleração negativa em breve consumirá sua velocidade e ele iniciará uma trajetória de descida. Onde você está agora pode parecer "em subida", mas seu destino está traçado pela aceleração de seu movimento. E cada um de nós sabe se sua aceleração de vida num dado momento é para cima ou para baixo. Esta aceleração é quem verdadeiramente somos.

NETSAH EM NETSAH DE TIFERET
PERMANÊNCIA EM PERMANÊNCIA
DE EQUILÍBRIO

Veja o mundo num grão de areia, os céus numa flor selvagem, agarre a infinitude na palma da mão e a eternidade numa hora.
– William Blake

A vastidão se faz próxima em nosso íntimo. Os desejos de controle e de conquista nos levam a tarefas impossíveis. Nossa conexão com o que é permanente está em nosso próprio espírito, se conseguimos perceber isto. Este é um equilíbrio sagrado: saber que tudo se apresenta num detalhe, que a beleza nos transporta a lugares proibidos, que o todo está em nossa parte e que o futuro está todo condensado no agora. Quem consegue perceber isto encontra a paz, pois descobre que sua única tarefa é existir. Uma tarefa que nos é perfeitamente possível.

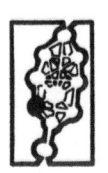

HOD EM NETSAH DE TIFERET
REFINAMENTO EM PERMANÊNCIA
DE EQUILÍBRIO

Nada nos faz tão conscientes de nossa impermanência como uma antiga agenda de endereços.
– Carson Mccullers

Quando mexemos numa antiga agenda contendo telefones daqueles que fizeram parte de nossa vida, ficamos perplexos. A vida é tão dinâmica que por mais estáveis que possam ser nossos relacionamentos eles se modificam. Há os que se vão deste mundo. Há os que gostaríamos de estar próximos mas os perdemos. Há os que faziam parte de antigos sonhos e projetos e que, junto com estes, desapareceram. Nós também saímos de muitas agendas. Talvez mais do que em volumes pesados e luxuosos, nossa História se escreva em agendas.

IESSOD EM NETSAH DE TIFERET
ESSÊNCIA EM PERMANÊNCIA
DE EQUILÍBRIO

A existência é um tempo imperfeito que nunca se torna presente.

– Friedrich Nietzsche

Os tempos verbais imperfeitos exprimem uma ação incompleta ou não realizada. Uma das essências da permanência é esta descoberta. Ela não inviabiliza a possibilidade de existir, mas revela a impossibilidade de controlarmos a existência. Isto porque para existirmos precisa haver surpresa. O inesperado impede a percepção do presente. Quando o percebemos não há mais surpresa e ele se torna passado. O presente não se presta a projetos, unicamente à ação e ao impulso. Quem se entende sendo, na verdade foi e não mais é.

MAL'HUT EM NETSAH DE TIFERET
SEGURANÇA EM PERMANÊNCIA
DE EQUILÍBRIO

Eu posso, portanto existo.

– Simone Weil

A máxima cartesiana "penso, logo existo" transfere para a mente a função de existir. A existência assume muitas facetas, mas no que tange à segurança, é através do que podemos, de nossa potência, que a experimentamos. Descobrimos a dor de perder uma faculdade quando percebemos que com ela vai-se também um pouco de nossa existência. Afinal existir é um conjunto de "posso isso" e "posso aquilo". Quando deixamos de poder, cessamos de existir. É importante, portanto, dar crédito à potência sem, ao mesmo tempo, idolatrá-la. Se poder dá segurança, a obsessão por poder dá insegurança.

HOD DE TIFERET
INÍCIO DA SEMANA
LUA CHEIA

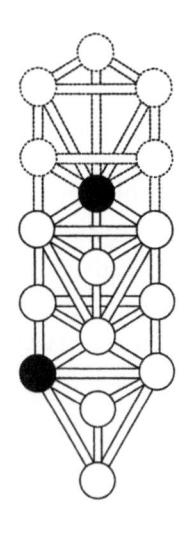

HESSED EM HOD DE TIFERET
EXPANSÃO EM REFINAMENTO
DE EQUILÍBRIO

Enxergar seu drama claramente é liberar-se dele.

– Ken Keyes Jr.

Expandir-nos exige o conhecimento de nossas limitações e fraquezas. A base de todas as terapias e análises aponta para a necessidade de conhecermos nossos dramas. Conhecer os contornos de nossas angústias e medos faz com que se tornem restritos a áreas específicas. Quando não fazemos isto, eles se alastram e nos tomam por inteiro gerando nossos dramas. Descobrir que nossos dramas não são tão generalizados nos permite lutar contra eles e vencê-los por meio da mudança e da transformação.

G'VURA EM HOD DE TIFERET
CONTRAÇÃO EM REFINAMENTO
DE EQUILÍBRIO

Aquele que não tem opiniões fixas
não padece de sentimentos constantes.

– Joseph Joubert

Um de nossos grandes problemas é o julgamento. Emitimos opiniões e as conservamos em nós e com isto nos expomos a sentimentos constantes. Quem não passa julgamentos não é fustigado por nenhum sentimento *a priori*. Ao contrário, está sempre imparcial não sendo assolado por raivas, temores ou outros sentimentos do passado. As opiniões nos definem como parte de um certo time. Somos então obrigados a reagir como se cada situação fosse um ataque ou uma provocação a nós mesmos. Não leve tão pessoalmente as coisas. Quanto menos opiniões, melhor.

TIFERET EM HOD DE TIFERET
EQUILÍBRIO EM REFINAMENTO
DE EQUILÍBRIO

Maturidade é a capacidade
de suportar incertezas.

– John Huston Finley

Não há maior prova de maturidade do que conseguirmos levar a vida conscientes das incertezas que nos cercam. Na maioria das vezes as pessoas conseguem viver graças à alienação e à negação. Quando são, no entanto, sacudidas por eventos traumáticos, colocam em cheque a própria razão de viver e a justiça inerente à realidade. Estar desperto para as incertezas à nossa volta sem entrar em pânico ou tornar-se paranoico é o próprio ato de crescer. É esta a maturidade que fez com que os que nos antecederam tenham partido deste mundo sem nos deixar um legado e uma cultura pessimista.

NETSAH EM HOD DE TIFERET
PERMANÊNCIA EM REFINAMENTO
DE EQUILÍBRIO

Faça o máximo do que lhe vier,
e o mínimo ao que lhe deixar.

Um dos segredos em permanência de refinamento é o desapego. Valorizar ao máximo aquilo que temos parece ser uma atitude sábia. Mas por que minimizar aquilo que não dispomos? Não seria uma forma de conformismo? Ao minimizarmos nossas carências talvez estejamos agindo com resignação. No entanto, quando verdadeiramente valorizamos o que temos é muito comum que se siga a atitude de minimizar o que nos falta. Este parece ser o caminho. Conte as suas bênçãos. Muita gente com bênçãos suficientes sofre pelo que não tem, mais por falta de refinamento do que por carência.

HOD EM HOD DE TIFERET
REFINAMENTO EM REFINAMENTO
DE EQUILÍBRIO

Lembre-se que não estar alegre
é não estar grato.
– Elizabeth Carter

A alegria é a medida da gratidão. Fica mais fácil assim entender a natureza de nossas tristezas. A tristeza é a dificuldade de reconhecer que a vida é composta por mais bênçãos do que maldições. Em realidade, ficamos tristes quando classificamos as experiências como bênçãos ou maldições. Poder enxergar o que não queremos – nossas maldições – como parte essencial da vida, nos permite ser gratos. É incrível que a tão sonhada felicidade só seja possível se não dependermos de uma vida feliz. A gratidão não é a reação à bem-aventurança, mas à sua independência.

IESSOD EM HOD DE TIFERET
ESSÊNCIA EM REFINAMENTO
DE EQUILÍBRIO

A humildade é como uma roupa de baixo, essencial, mas indecente se aparente.

– Helen Nielsen

O refinamento da humildade exige o que nenhuma outra qualidade exige: não percebê-la. Quem se percebe humilde é por definição um orgulhoso. A humildade é a mais fundamental lição de anonimato. Como é possível fazer algo sem usar nosso nome? Como é possível nos esforçarmos por algo sabendo que não seremos identificados por nossos méritos? Retirar-nos do centro do universo exige grande refinamento e equilíbrio. A singularidade da humildade está no fato de que ela não é um dom inato nem um dom adquirido. Ela tem origem numa profunda sintonia do ser com o mundo à sua volta.

MAL'HUT EM HOD DE TIFERET
SEGURANÇA EM REFINAMENTO DE EQUILÍBRIO

Não se consegue harmonia quando todos cantam a mesma nota.

– Doug Floyd

Nada promove maior insegurança do que a unanimidade. A vida é biodiversa. Nenhuma criatura é igual a outra e onde há hegemonia há sempre desarmonia. Vemos bosques de reflorestamento com eucaliptos e julgamos que ali há vida. Grave engano. A falta de diversidade elimina a vida. Não há maior refinamento do que a diferença. Se toda criatura é única nenhuma organização pode respeitar a vida sem afirmar seu respeito à diferença. Todo canto uníssono deixa de representar as vozes que o compõem. Na verdade, é sempre uma voz que conseguiu dominar as demais.

IESSOD DE TIFERET
INÍCIO DA SEMANA
LUA MINGUANTE / ÚLTIMO QUARTO

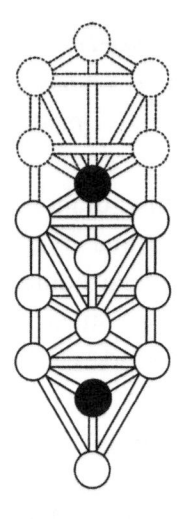

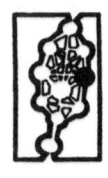

HESSED EM IESSOD DE TIFERET
EXPANSÃO EM ESSÊNCIA
DE EQUILÍBRIO

Levei toda a minha vida para compreender que não é necessário compreender tudo.

– Rene Coty

Não há expansão sem a percepção de que nem tudo nesta vida é compreensível. Tudo pode ter uma razão mas não necessariamente a compreendemos. Aceitar isto como um limite humano e não um limite da realidade é enfrentar nossa própria prepotência. Não é um defeito do mundo que muitas coisas nos pareçam incompreensíveis. A individualidade e a identidade que construímos no decorrer da vida nos levam a enxergar o mundo de forma parcial. É nossa falta de isenção que não nos permite compreender. Façamos do nosso não compreender uma forma de compreender.

G'VURA EM IESSOD DE TIFERET
CONTRAÇÃO EM ESSÊNCIA
DE EQUILÍBRIO

É melhor ser um perdedor autêntico do que um falso vencedor; melhor morrer com vida do que viver morto.

– William Markiewicz

A falsidade é o produto de misturar-se a vida interna com a externa. O que os outros pensam ou deixam de pensar não deveria guiar nossas atitudes. É comum fingirmos um sucesso inexistente ou ocultarmos nossos fracassos. No entanto, não há nada mais libertador do que assumirmos um fracasso ou conter-nos de bancar um sucesso mentiroso. Quem vive pelo olhar do outro morre em vida. O segredo da vida é que ela se nutre de autenticidade e se intoxica pela falsidade.

TIFERET EM IESSOD DE TIFERET
EQUILÍBRIO EM ESSÊNCIA
DE EQUILÍBRIO

Uma moeda jogada numa garrafa vazia faz um grande estardalhaço, numa cheia de moedas quase não faz ruído.

Assim acontece com o sábio modesto, mas o tolo alardeia sua tolice em um alto-falante. Para o sábio, um instante de inspiração não o faz orgulhoso; já o tolo, eleva a si mesmo a uma categoria especial, privilegiada. Não há maior equilíbrio do que reconhecer qual é o nosso lugar neste mundo. Vivemos entre os dois extremos nos sentindo especiais ou com pouca autoestima. Não precisamos ser especiais se sabemos que também não somos irrelevantes. Não devemos querer ser ninguém a não ser nós mesmos, nem sonhar com um tempo que não seja o agora.

NETSAH EM IESSOD DE TIFERET
PERMANÊNCIA EM ESSÊNCIA
DE EQUILÍBRIO

As circunstâncias não fazem o homem, elas o revelam.

– James Allen

Não devemos pensar que o que nos acontece apenas nos molda. Aquilo que nos acontece também nos revela. Estas são as grandes surpresas da vida e, ao mesmo tempo, os grandes temores. Cada vez que nos revelamos positivamente, experimentamos o doce sabor de nos surpreendermos. No entanto, ficamos muito assustados quando diante de um acontecimento nos revelamos egoístas, fracos ou insinceros. Enfrentemos a vida e nos conheceremos. Conhecendo-nos, vivemos sem tantos sobressaltos e medos. Não há melhor remédio para nossos pesadelos do que nos expor.

HOD EM IESSOD DE TIFERET
REFINAMENTO EM ESSÊNCIA
DE EQUILÍBRIO

Um precedente dá forma a um princípio.

– Benjamin Disraeli

Na história da humanidade grandes passos foram conquistados por intermédio de precedentes. Os negros não votavam nos Estados Unidos até o dia em que começaram a comparecer às urnas e gerar precedentes. A realização do que antes era proibido ou impensável abre caminho para uma nova compreensão do que é certo e do que é possível. Isto vale muito para os indivíduos. Os avanços e conquistas que realizamos em nosso comportamento acontecem através de precedentes. Devemos valorizar todo pequeno detalhe que possa abrir novos precedentes. Eles são os verdadeiros libertadores.

IESSOD EM IESSOD DE TIFERET
ESSÊNCIA EM ESSÊNCIA
DE EQUILÍBRIO

A essência do conhecimento é, uma vez o tendo, saber aplicá-lo; não o tendo, saber confessar sua ignorância.

– Confúcio

O conhecimento exige cuidados. Por um lado, quando você o tiver, deve fazer uso dele. Conhecimento sem utilidade produz uma forma de obesidade mental que, pouco a pouco, contagia de inércia nossos pensamentos. Refute o conhecimento que não se combina com a ação. Por outro lado, é fundamental reconhecer quando não temos conhecimento. Muitas vezes conhecer muito nos leva à ilusão de que podemos inferir conhecimentos de que não dispomos. Sábio é aquele que faz o que sabe e que sabe o que não sabe.

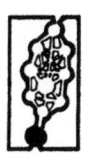

MAL'HUT EM IESSOD DE TIFERET
SEGURANÇA EM ESSÊNCIA
DE EQUILÍBRIO

Seja lá o que desune o homem de D'us,
também desune o homem do seu semelhante.

– Edmund Burke

D'us é um ponto focal para enxergarmos o outro. Na verdade, é o foco para enxergarmos o outro e a nós mesmos. D'us é a mistura de nossa consciência que tudo vê e ouve em nossas vidas e de nossos espelhos que são a relação com o outro. É assim que conhecemos a nós mesmos. Em outras palavras, D'us existe na medida em que nós existimos. Se há eu e há tu então a noção de D'us aparece. Esta é a razão pela qual o que nos faz agir de forma a desunir de D'us também desune o eu do tu. Amar o Criador não pode ser diferente de amar as criaturas.

MAL'HUT DE TIFERET
INÍCIO DA SEMANA
LUA NOVA

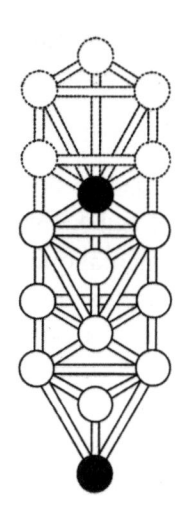

HESSED EM MAL'HUT DE TIFERET
EXPANSÃO EM SEGURANÇA
DE EQUILÍBRIO

A bondade consiste em amar
as pessoas mais do que elas merecem.

– Jacqueline Schiff

Não há ato de doação maior do que amar as pessoas para além do que elas merecem. Muitas vezes exigimos do outro que tenha mérito para lhe sermos bons. "Não vou dar esmola ao mendigo porque ele é forte e poderia trabalhar" nos parece um pensamento aceitável. Mas bondade não é recompensar o outro pelo que ele merece. É ir além. É ajudar mesmo quando nosso julgamento acha que não merece. Ensinar e educar exigem disciplina e severidade. No entanto, devemos saber quando o exemplo maior não é o julgamento e a rigidez, mas a capacidade de amar incondicionalmente.

G'VURA EM MAL'HUT DE TIFERET
CONTRAÇÃO EM SEGURANÇA
DE EQUILÍBRIO

Nada une os ingleses como a guerra e nada os divide como Picasso.

– Hugh Mills

A guerra une e a arte separa? O que nos une pode ser extremamente destruidor. Os períodos mais perversos da História foram os que fizeram as pessoas se unirem para a destruição. Para muitos a noção de fraternidade é a união para lutar contra os outros. Neste sentido, perceber-nos como indivíduos diferentes com objetivos e visões diferentes nos ensina a, divididos, estarmos juntos. Este é o trabalho da arte: revelar que nossa individualidade é a única forma de estarmos juntos. Sós, podemos nos juntar; juntos, nos condenamos à solidão.

TIFERET EM MAL'HUT DE TIFERET
EQUILÍBRIO EM SEGURANÇA
DE EQUILÍBRIO

Aquele que sabe apenas a sua versão de um caso, sabe muito pouco.

– John Stuart Mill

Não há melhor expressão de equilíbrio do que reconhecer a parcialidade de nosso olhar. É fundamental estarmos conscientes que contar apenas com nossa versão é sempre muito duvidoso. A segurança está em ouvir tantos ângulos diferentes quanto for possível. Quanto maior o número de versões e compreensões de um certo fato, mais próximos estamos da realidade. É comum em situações de conflito evitarmos versões muito diferentes das nossas. Buscamos pessoas e versões que se aproximem e consolidem a nossa. Porém não se chega à realidade sem ouvir aquilo que não queremos.

NETSAH EM MAL'HUT DE TIFERET
PERMANÊNCIA EM SEGURANÇA
DE EQUILÍBRIO

Entre a verdade e a busca dela, fico com a última.
– Bernard Berenson

A permanência da segurança está na contramão do que as pessoas acreditam. Elas pensam que consolidar uma verdade, uma forma de ver, clara e cristalina, é o mais seguro. Assim podem ter parâmetros e referências na vida. Mas não é bem assim. Quanto mais verdades absolutas, mais estreito vai ficando o seu mundo. Tão estreito que em muitos casos não tem mais lugar para nada a não ser a segurança. Nunca abra mão de uma busca por uma verdade resolvida. Por mais que seja uma boa aproximação à realidade, para humanos, a verdade não é um dogma e sim um caminho.

HOD EM MAL'HUT DE TIFERET
REFINAMENTO EM SEGURANÇA
DE EQUILÍBRIO

Você só poderá encontrar a verdade através da lógica se a tiver encontrado sem lógica.
– Gilbert K. Chesterton

A realidade é feita não só daquilo que percebemos como lógico ou concreto. Reconhecer as formas sem formas, ou os invisíveis visíveis é tarefa de grande refinamento em equilíbrio. Afinal nossas próprias vidas são compostas tanto do pensamento desperto como do sonho. Se computarmos ainda o tempo dedicado a imaginar, ficaremos ainda mais surpresos. Sem contar nossas falas e nosso pensamento estruturado, somos dez vezes mais seres da intuição e da imaginação do que qualquer outra coisa. Como o oceano é seis vezes maior que a terra e ainda assim acreditamos ser o nosso planeta mais de chão do que de água.

IESSOD EM MAL'HUT DE TIFERET
ESSÊNCIA EM SEGURANÇA
DE EQUILÍBRIO

O tempo é precioso, mas a verdade é mais preciosa do que o tempo.

– Benjamin Disraeli

O mestre perguntou ao discípulo: – O que é melhor, um cavalo rápido ou um lento? – O discípulo respondeu: – Depende se está no caminho certo ou não. Se o caminho estiver errado é melhor um cavalo lento; a correção do caminho será menor. – A verdade é necessária até para que se possa fazer opções no tempo. Sem acesso à verdade mesmo o tempo, patrimônio essencial, perde sentido. Quando na velhice nos perguntam se queremos mais tempo também a resposta é: "depende de que qualidade do tempo." O agora é fundamental, mas sem a verdade ele perde a capacidade de ser presente.

MAL'HUT EM MAL'HUT DE TIFERET
SEGURANÇA EM SEGURANÇA DE EQUILÍBRIO

A segurança é a inimiga maior dos mortais.

– William Shakespeare

Os mortais não vivem de segurança. Sonham com ela, mas diante dela ficam asfixiados. Viver a vida, da forma mais segura, é reconhecer que ela se faz do constante risco e aventura. O que possibilita a continuidade da vida e o futuro é justamente o arbítrio e a experiência. A segurança se faz de certezas e de falta de escolhas e opção. Parece ser totalmente contrário ao jogo da vida. Quem busca a segurança termina por sofrer a sua terrível maldição. Pois ela é a maior predadora da vitalidade. Quanto mais seguro, menos vital um indivíduo. Para a vida, a segurança total se expressa pela morte.

MÊS ABSOLUTO
NETSAH

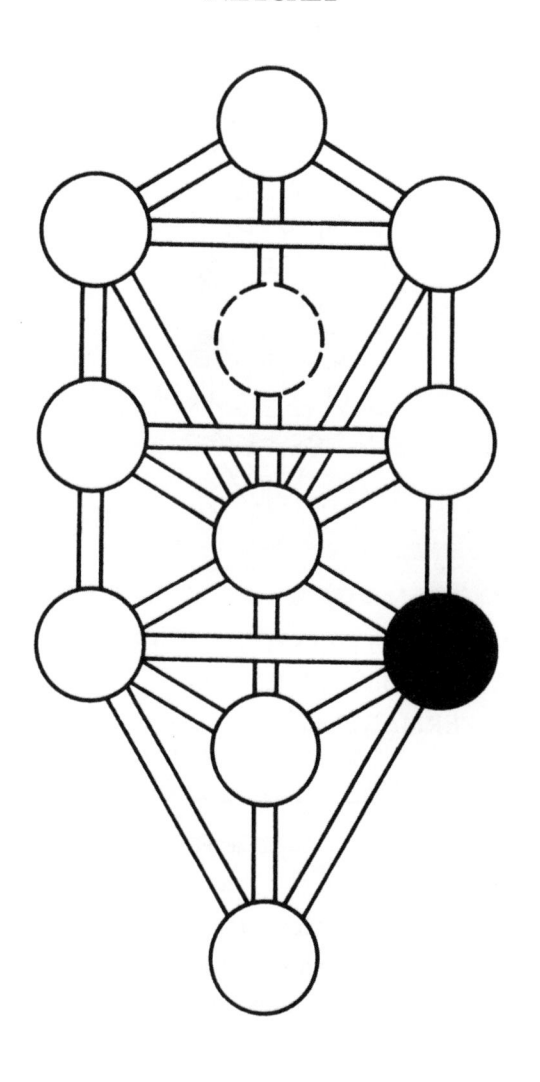

HESSED DE NETSAH
INÍCIO DA SEMANA
LUA CRESCENTE / PRIMEIRO QUARTO

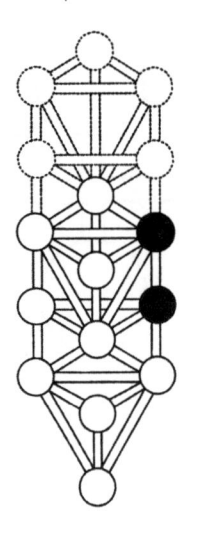

HESSED EM HESSED DE NETSAH
EXPANSÃO EM EXPANSÃO
DE PERMANÊNCIA

Se não estiver crescendo, irá morrer.
– Michael Eisner

A vida é, em si, expansão. Mesmo na velhice e na doença. A expansão deixa de existir somente na morte. Devemos compreender que a educação e o crescimento pessoal não são uma opção, mas uma necessidade. Esta é a razão de nossa cultura e civilização tê-la privilegiado. Precisamos crescer o tempo todo pois o que não cresce diminui. Não existe meio-termo apesar de ser este o sonho do acomodado. Quem diz que irá estudar ou dedicar-se a algo no futuro, permitindo-se estagnar no presente, sofre muito na vida. A angústia e a depressão são doenças causadas pela raiva dos crescimentos não ousados.

G'VURA EM HESSED DE NETSAH
CONTRAÇÃO EM EXPANSÃO
DE PERMANÊNCIA

O perdão não modifica o passado
mas expande o futuro.
– Paul Boese

O perdão não tem impacto no que foi, mas no que é e será. É um gesto de responsabilidade para com o presente e o futuro. O que é imperdoável foi um ato que no momento não tinha perdão. Mas esta não é a realidade dos momentos que se seguem. Neles há sempre perdão, um perdão que faz sentido e que enriquece a vida ao invés de empobrecê-la. Ou seja, todo ato violento e destrutivo é instantaneamente imperdoável para tornar-se, no segundo subsequente, objeto de perdão. Se o passado foi estreito, não permita que o presente e o futuro o sejam.

TIFERET EM HESSED DE NETSAH
EQUILÍBRIO EM EXPANSÃO
DE PERMANÊNCIA

O amargo da má qualidade
permanece um bom tempo depois
que o prazer do preço baixo é esquecido.
– Leon M. Cautillo

Quantas vezes optamos pelo preço baixo como critério principal. Talvez uma das grandes formas de equilíbrio seja antecipar além dos benefícios imediatistas seus custos a médio e longo prazo. Nossas escolhas são por demais seduzidas pelo "aproveitar logo" fazendo com que nos esqueçamos do sabor amargo que permanece. É verdade que a vida é curta e que devemos dela aproveitar. Mas, por outro lado, ela é longa o suficiente para nos ensinar sobre este amargor. O preço real é um valor final e nunca parcial.

NETSAH EM HESSED DE NETSAH
PERMANÊNCIA EM EXPANSÃO
DE PERMANÊNCIA

Ninguém gosta de sair do jogo quando está perdendo ou quando está ganhando.

– Richard Petty

Este é o grande problema do jogo. Todos perdem. Quem está perdendo não sai e, como as chances estão contra ele, mais cedo ou mais tarde perde mais ainda. Quem está vencendo também não consegue sair e também perderá. O segredo da vida – e é como se enriquece nela – está em saber sair quando se está perdendo ou quando se está ganhando. Para o primeiro é importante ter muita coragem – a força para administrar perdas. Para o segundo é importante uma certa covardia. Acima de tudo, perde menos e ganha mais quem consegue não se deixar iludir.

HOD EM HESSED DE NETSAH
REFINAMENTO EM EXPANSÃO
DE PERMANÊNCIA

A gratidão é a memória do coração.

– Provérbio francês

Enquanto a memória da mente é a lembrança, a do coração encontra expressão na gratidão. Afinal, estar grato é uma forma de memória. A maior parte de nós vive bênçãos diárias que esquecemos. Quanto maior a memória do coração mais ele poderá nos mostrar o quanto somos gratos. A função das orações em muitas tradições é justamente esta – lembrar das graças vividas e acessar a memória do coração. A senilidade do coração se expressa pela amargura e o desespero. Amarre alguns barbantinhos no seu coração esquecido e verá que a vida é mais colorida do que o esquecimento faz ver.

IESSOD EM HESSED DE NETSAH
ESSÊNCIA EM EXPANSÃO
DE PERMANÊNCIA

A não ser que você tente fazer algo além do que tem maestria, jamais crescerá.

– C. R. Lawton

Nossa tendência é sempre optarmos por fazer aquilo que sabemos e que melhor realizamos. No entanto, aprende mais aquele que está constantemente desafiando seus limites. Permanecer atento ao que não sabemos ou ao que não fazemos com facilidade é descobrir as áreas para onde podemos crescer. O hábito é muitas vezes a realização do que sabemos fazer associado ao medo dos desafios da vida. Portanto, vencer o hábito não é deixar de fazer algo que repetimos, mas é fazer algo novo. É ousar e ter prazer em tarefas nas quais não temos maestria.

MAL'HUT EM HESSED DE NETSAH
SEGURANÇA EM EXPANSÃO DE PERMANÊNCIA

Somente no crescimento, na reforma e na mudança é que, paradoxalmente, há segurança.

– Anne Morrow Lindbergh

A segurança está intimamente ligada à instabilidade. Esta é uma das mais difíceis lições a se aprender. Somos facilmente iludidos pela ideia de que, ao contrário, a segurança acontece onde há estabilidade. A vida é instável e, portanto, qualquer processo estável está sempre prestes a desfazer-se. Isto não quer dizer que não se possa viver a paz. A paz está intimamente ligada a estarmos em transformação, em consonância com a vida. Quem cresce, reforma e muda encontra a paz de cumprir a si mesmo. Em movimento não percebemos o movimento. Parados, enjoamos.

G'VURA DE NETSAH
INÍCIO DA SEMANA
LUA CHEIA

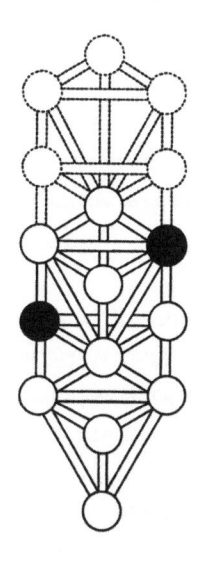

HESSED EM G'VURA DE NETSAH
EXPANSÃO EM CONTRAÇÃO
DE PERMANÊNCIA

Quem nunca teve grandes esperanças
jamais se desesperará.

– George Bernard Shaw

A esperança é vital mas seu excesso produz um efeito bastante amargo. Isto porque a esperança pode ser uma forma de controle – de que tudo irá acontecer da maneira que desejamos. E esta não é a maneira mais saudável de se viver. A esperança na medida exata acontece quando nos entregamos à vida sem exigir dela um final feliz que faça sentido para nós. O desespero é produto desta crença de que podemos controlar tudo e todos. Quando isto se mostra equivocado, ficamos sem rumo. Espere pouco e muito virá. Nenhuma esperança e muita esperança são o alimento do desespero.

G'VURA EM G'VURA DE NETSAH
CONTRAÇÃO EM CONTRAÇÃO
DE PERMANÊNCIA

A vida nada mais é do que a competição para ser o criminoso em vez da vítima.

– Bertrand Russell

Este pensamento nos parece normal quando vemos a dinâmica da cadeia alimentar. O peixe maior come o menor e, neste contexto, desejamos ser o maior dos peixes. A lógica perversa desta realidade só pode ser quebrada pela identificação humana. Quando descobrimos que nós, os criminosos, somos também as vítimas, começamos a cogitar ideias como "não faça ao outro o que não queres que façam a ti" ou mesmo "ama a teu próximo como a ti mesmo". Dói estarmos tão identificados com a vítima e, mesmo assim, sermos tantas vezes o criminoso.

TIFERET EM G'VURA DE NETSAH
EQUILÍBRIO EM CONTRAÇÃO
DE PERMANÊNCIA

Se não entendemos uma pessoa, tendemos a considerá-la louca.

– Carl Jung

Tantos foram condenados ao manicômio porque não eram compreendidos. Através dos tempos os grandes incompreendidos foram muitas vezes eliminados da sociedade pois esta não os suportava. É sempre mais fácil rotular os outros de bruxos, dementes ou possuídos quando não acatam nosso modo de pensar. Esta talvez seja a forma mais perversa pela qual nos relacionamos. Não estabelecer comunicação com o próximo produz nele um oposto quando, na realidade, é um outro. Para que os inimigos, os vilões ou os anormais voltem a ser simplesmente um outro, comunique-se melhor.

NETSAH EM G'VURA DE NETSAH
PERMANÊNCIA EM CONTRAÇÃO DE PERMANÊNCIA

A vida é o que acontece enquanto você está ocupado fazendo outros planos.

– John Lennon

Enquanto nos dedicamos a sonhar e pensar no futuro, o presente vai acontecendo. Pior, ele é o futuro ao qual nos esforçamos por dominar. Este futuro que vai escoando e se tornando cada vez mais finito. Não há maior projeto do que o de viver o momento presente. Cada vez que paramos para pensar num lazer futuro ou numa realização futura ou numa relação futura, estamos diante de um importante alarme. Nestas ocasiões, discipline-se a olhar em volta. Há possibilidades de lazer e prazer neste instante; há relações a serem investidas neste momento. Descubra a diferença de lá e aqui.

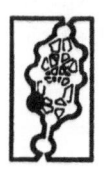

HOD EM G'VURA DE NETSAH
REFINAMENTO EM CONTRAÇÃO DE PERMANÊNCIA

Às vezes se precisa ser cruel para ser bondoso.

– Provérbio inglês

Refinamento em contração significa saber abraçar a vida e o ser humano como um todo. Encarar nossas limitações, nossas notas vermelhas, é algo indispensável. Quantas vezes preferimos esconder o boletim buscando formas de viver somente por notas azuis? No entanto, é na compreensão e vivência das notas vermelhas que a vida nos oferece tolerância para conosco mesmos e oportunidade de crescimento. Aqueles que nos ajudam neste processo são as pessoas importantes de nossa vida. Os que nos auxiliam a evitá-lo, infelizmente, são aqueles em torno de quem mais andamos.

IESSOD EM G'VURA DE NETSAH
ESSÊNCIA EM CONTRAÇÃO
DE PERMANÊNCIA

*Algumas pessoas parecem viver
a vida no balcão de reclamações.*
– Fred Propp Jr.

Ao invés de exigir nossos direitos da vida, devemos vivê-la. Há momentos (poucos) onde procede um balcão de reclamações. Mas o exagero desta situação denota que estamos ou comprando no lugar errado, ou comprando sem o cuidado necessário, ou tendo expectativas equivocadas do produto, ou fazendo mau uso do produto. Deveria existir um CONTRACON juntamente com um PROCON (instituição a favor do consumidor). A função deste CONTRACON seria alertar o "consumidor" de como suas interações com a vida são desatentas. A reclamação é a arma de quem não está desperto.

MAL'HUT EM G'VURA DE NETSAH
SEGURANÇA EM CONTRAÇÃO
DE PERMANÊNCIA

Aquele que satisfaz sua sede dá as costas ao poço.

– Baltasar Gracián

Os moralistas diriam: temos que ter maior apreço para com o poço que nos mata a sede. Talvez tudo que tenhamos que constatar é esta nossa natureza que, uma vez saciada, não necessita do controle ou do poder de ficar de frente, garantindo o poço para as próximas sedes. Quem quer ter a segurança de ficar controlando o poço na maioria das vezes perde todas as sedes. Isto porque a relação da sede com ser saciada depende deste ato de dar as costas. É a nova sede que permitirá uma relação de gratidão com o poço. Permanecer grato obsessivamente é um ato do inseguro.

TIFERET DE NETSAH
INÍCIO DA SEMANA
LUA MINGUANTE / ÚLTIMO QUARTO

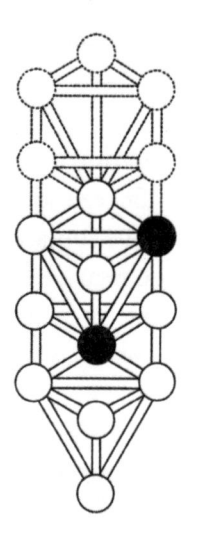

HESSED EM TIFERET DE NETSAH
EXPANSÃO EM EQUILÍBRIO
DE PERMANÊNCIA

Muitas pás de terra – uma montanha.
Muitas canecas d'agua – um rio.

– Provérbio chinês

É muito especial percebermos a transição das condições. Uma gota d'água transforma o que era um bocado de canecas d'água em rio. Um monte de dias é um ano. Uma quantidade de experiências – um adulto. Um "x" número de medos – um covarde. Tudo é feito de pequenas partes que, apesar de diminutas, são o tijolo de toda construção na vida. Não há expansão nem condição que não dependa destes blocos-mínimos. Dar-lhes atenção e cuidar para que sejam em número tal que permitam certos processos acontecer e serem concluídos é tão importante como zelar por sua qualidade.

G'VURA EM TIFERET DE NETSAH
CONTRAÇÃO EM EQUILÍBRIO
DE PERMANÊNCIA

O crescimento pelo crescimento
é a ideologia da célula cancerígena.
– Edward Abbey

Crescer é um processo que deve integrar potencial e objetivo. O crescimento por si só não representa um bem absoluto. Crescer também pode ser uma anomalia, mas nos esquecemos muitas vezes disto. Só a capacidade de aplicação dos recursos existentes aprimora e vitaliza. Sem a aplicação há obesidade, tumores e o que em medicina, com muita propriedade, denomina-se malignidade. O mal é uma expressão tanto da carência como do excesso. Mas, acima de tudo, da desarmonia.

TIFERET EM TIFERET DE NETSAH
EQUILÍBRIO EM EQUILÍBRIO
DE PERMANÊNCIA

Quando D'us quer partir o coração
de alguém lhe dá bastante juízo.

Um dos efeitos colaterais mais comuns em quem tem muito equilíbrio (em persistência) é o coração partido. Neste mundo, o equilíbrio é nada mais do que um momento pontual. O desejo de fazê-lo frequente e constante nos traz muito sofrimento e, pior, muita descrença. Quando acontece algo difícil de aceitarmos, algo que não nos parece equilibrado, justo, não podemos ficar obcecados pelo reequilíbrio. O verdadeiro equilíbrio do equilíbrio persistente está em nossa capacidade de aceitar e enfrentar incertezas, instabilidades e inconstância em nossas vidas.

NETSAH EM TIFERET DE NETSAH
PERMANÊNCIA EM EQUILÍBRIO
DE PERMANÊNCIA

Se você tem um vício e o dia foi maravilhoso e você se conteve – este é um bom dia; se o dia, no entanto, foi terrível, tudo deu errado e você se conteve – este é um grande dia.

Esta máxima dos AA (Alcoólicos Anônimos) é uma grande lição sobre comportamento humano. O equilíbrio em estados de grande persistência só pode ser verdadeiramente medido nos momentos difíceis. Isto é uma verdade para todos os equilíbrios persistentes – a fé, a gratidão ou a esperança. O maior vício do ser humano, do qual todos nós compartilhamos, é o vício em si mesmo. Somos todos prisioneiros do nosso ego e pensamos que o mundo gira à nossa volta. Se a vida anda normal, ou mesmo meio caída e você permanece humilde – este é um bom dia. Mas se as coisas vão bem, se você está progredindo em qualquer área importante da vida e preserva a sua humildade: este é um grande dia!

HOD EM TIFERET DE NETSAH
REFINAMENTO EM EQUILÍBRIO
DE PERMANÊNCIA

Palavras verdadeiras não são belas; palavras belas não são verdadeiras. Boas palavras não são persuasivas; palavras persuasivas não são boas.

– Lao-Tzu

Palavras são parte da obra de nossas vidas. Elas reverberam quando não estamos ou quando não mais estivermos. Conhecê-las nos permite construí-las como um legado de nossas vidas. E quais são suas leis? 1) Confeccioná-las como verdadeiras não as faz estéticas e agradáveis; 2) criá-las com a principal intenção de que sejam belas não lhes permite sair verdadeiras; 3) discursá-las de forma elaborada da boca para fora não produz o convencimento; 4) bem como palavras de convencimento são destrutivas da diferença e, portanto, não são boas.

IESSOD EM TIFERET DE NETSAH
ESSÊNCIA EM EQUILÍBRIO
DE PERSISTÊNCIA

*Quando a dor de dente vêm,
você esquece a dor de cabeça.*

Três qualidades da ponderação reunidas num dia onde o tom é dado pela essência. Na verdade, é muito difícil viver sem se queixar. A queixa é a diferença entre o que é e o que poderia estar sendo. Esta diferença vai sempre existir. É só quando a vida nos mostra esta diferença pelo lado negativo – é assim mas poderia ser bem pior – que descobrimos o erro fundamental nesta forma de pensar. Poderoso é aquele que, sabendo que a dor de dente vai dar conta da dor de cabeça, consegue evitar a dor de cabeça sem a necessidade da dor de dente.

MAL'HUT EM TIFERET DE NETSAH
SEGURANÇA EM EQUILÍBRIO
DE PERSISTÊNCIA

Se você investe uma agulha, vai lucrar uma agulha!

Equilíbrio e segurança juntos sob a influência da persistência não podem significar paralisia. Na economia, por exemplo, estes fatores dispostos desta maneira não oferecem nenhum rendimento. Quem investe uma agulha de forma segura e equilibrada persistentemente vai, na melhor das hipóteses, acabar com uma agulha. Segurança é a qualidade de saber investir e não ao contrário – evitar o risco. Muitas vezes confundimos segurança com insegurança. O seguro não é apostar no certo, mas a confiança de investir com risco. Por exemplo, entre a certeza da escravidão e a insegurança da liberdade, alguém tem dúvida de qual das condições representa um investimento?

NETSAH DE NETSAH
INÍCIO DA SEMANA
LUA NOVA

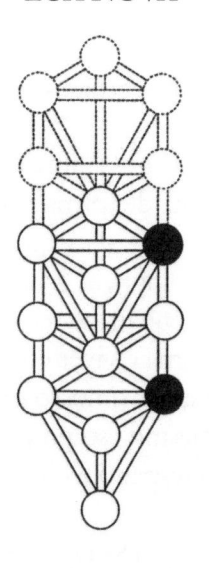

HESSED EM NETSAH DE NETSAH
EXPANSÃO EM PERSISTÊNCIA
DE PERSISTÊNCIA

Se você dança em todos os casamentos, você chorará em todos os funerais.

Esta semana é marcada por eventos de longa duração. A duplicidade da persistência aponta para questões de grande permanência em nossas vidas. Há um grande perigo no desejo de expansão constante que gera a ganância. Uma pessoa deve saber os limites de expandir-se. É como o sujeito que joga canastra e só compra da mesa. Com a mão cheia tem grande potencial, mas sem equilíbrio ou estratégia alguém irá bater e ele ficará com muitas cartas na mão. Dedique-se com mais seriedade às danças dos casamentos que lhe dizem respeito.

G'VURA EM NETSAH DE NETSAH
CONTRAÇÃO EM PERSISTÊNCIA
DE PERSISTÊNCIA

Se você perde seu autorrespeito, também perde o respeito aos outros.

Um centro importante de nossa força é a autoestima. A perda do amor-próprio contagia de forma negativa toda a nossa vida e é a semente da depressão. Mais que isto, sem autorrespeito não podemos respeitar ninguém à nossa volta. É interesse de todos que as pessoas tenham as condições necessárias para desenvolver sua autoestima e viver com dignidade. Sem amor-próprio não é possível amar o nosso semelhante. Afinal, "ama o próximo como a ti mesmo" só produz paz e prosperidade se temos como modelo o respeito e o carinho a nós mesmos.

TIFERET EM NETSAH DE NETSAH
EQUILÍBRIO EM PERSISTÊNCIA
DE PERSISTÊNCIA

Tudo é bom, desde que a seu tempo.

Este é o pedido diário de quem tem equilíbrio – de que a vida nos traga tudo a seu tempo. Isto não significa querer controlar a vida a ponto de que "a seu tempo" seja o momento em que estivermos prontos para que as coisas aconteçam. Esta expectativa além de cruel e mórbida tem grande chance de nos fazer experimentar tudo como não sendo bom. Isso porque o nosso tempo não é necessariamente "a seu tempo". Devemos rezar para que mesmo o que vier a acontecer em um momento diferente do que gostaríamos seja, sem que saibamos, a seu tempo. Quando se começa a aceitar a vida por este prisma é provável que cada vez mais o nosso tempo coincida com "a seu tempo".

Não há outra forma mais eficaz de controle a um ser humano do que a entrega.

NETSAH EM NETSAH DE NETSAH PERSISTÊNCIA EM PERSISTÊNCIA DE PERSISTÊNCIA

Eu te daria um definitivo talvez.

– S. Goldwin

O tempo muda o ângulo de compreensão da vida e o que percebemos hoje é um grande talvez em relação ao que perceberemos amanhã. Uma história chinesa conta sobre um homem que possuía um cavalo cobiçado por todo o vilarejo. Ele não quis vendê-lo e o cavalo acabou fugindo. Os vizinhos disseram: "Deveria ter vendido." Ele respondeu: "Pode ser que sim, pode ser que não." Alguns dias depois o cavalo retornou com outros dez cavalos selvagens. Os vizinhos disseram: "Fez bem em não vender." O homem respondeu: "Pode ser que sim, pode ser que não." Passado um tempo, o filho deste homem caiu do cavalo e fraturou a perna. Os vizinhos disseram: "Deveria ter vendido." O homem respondeu: "Pode ser que sim, pode ser que não." Pouco depois houve uma guerra e todos os jovens foram convocados exceto seu filho por estar convalescendo. Os vizinhos disseram: "Fez bem em não vender." O homem permaneceu com seu definitivo "talvez".

HOD EM NETSAH DE NETSAH
REFINAMENTO EM PERSISTÊNCIA DE PERSISTÊNCIA

Se você repete frequentemente que está certo, descobrirá que está errado.

Uma evidência de que vivemos um aprisionamento é nossa necessidade de certificar-nos que agimos corretamente. Quando nossas perguntas começam com "você não acha que eu tenho razão?" provavelmente estamos reconhecendo uma profunda dúvida. Quanto mais repetimos a nós e aos outros que estamos corretos, mais fica evidenciada nossa insegurança. Refinar-se em dupla persistência é conhecer-se a si mesmo a ponto de saber que a busca da certeza só é uma questão para quem não tem certeza. Refine-se hoje revendo as questões de sua vida para as quais sua necessidade de certeza revela, na verdade, sua profunda dúvida.

IESSOD EM NETSAH DE NETSAH
ESSÊNCIA EM PERSISTÊNCIA DE PERSISTÊNCIA

Quando você vive bastante,
é acusado de coisas que nunca fez
e elogiado por virtudes que nunca teve.
— I. Stone

Todos os dias ao despertar colocamos nossas máscaras e saímos para o trabalho. Ocultamos nossa verdadeira essência de nós mesmos e principalmente dos outros. Não é surpresa que o tempo acabe revelando uma imagem distorcida de nossa pessoa – acusados e elogiados por aquilo que não somos. Cada vez que uma destas situações surgir, preste atenção. Ela pode desvendar muito conhecimento acerca de nossas máscaras. Estamos vendendo nossa imagem como sendo mais virtuosa do que é na realidade? Estamos nos mostrando mais perversos ou antipáticos do que somos? Seja qual for a situação, oferece grande potencial de crescimento. Na verdade, só conhecemos nossa essência através da consciência do quão distorcida ela é percebida pelos outros.

MAL'HUT EM NETSAH DE NETSAH
SEGURANÇA EM PERSISTÊNCIA DE PERSISTÊNCIA

Desgraça com sopa é mais fácil de engolir do que desgraça sem sopa.

Dor e miséria não foram criadas para ser vividas persistentemente. A dor, por exemplo, tem uma função informativa sobre qualquer disfunção ou agressão a nosso corpo. A miséria também. Deveria ser um alerta para que tanto o indivíduo quanto sua sociedade tomassem providências antes da escassez se alastrar ou do problema criar raízes. A dor, no entanto, quando se torna contínua e persistente, arrasa com nosso ânimo e nos leva ao desespero. E o mesmo faz a miséria. A segurança está comprometida com prestar atenção à miséria. Miséria que é deixada sem cuidado é como o alerta de uma febre que é desconsiderado. Quando a infecção tiver se alastrado... aí fica difícil.

HOD DE NETSAH
INÍCIO DA SEMANA
LUA CRESCENTE

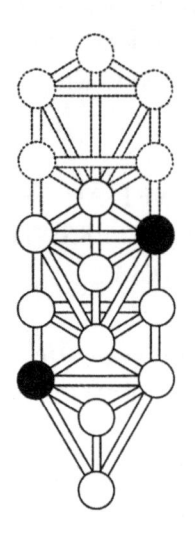

HESSED EM HOD DE NETSAH
EXPANSÃO EM REFINAMENTO
DE PERSISTÊNCIA

Todas as noivas são bonitas, todos os falecidos são piedosos.

Há um ensinamento que diz "não há pessoa que não tenha o seu momento, nem alguma coisa que não tenha a sua utilidade". Reconhecer a beleza e a importância de cada pequeno detalhe da Criação é uma forma importante de refinamento permanente em expansão. É importante entender "toda noiva é bela e todo falecido piedoso" não como uma ironia, mas um refinamento. Nestas ocasiões (casamento e morte) em que a vida fala mais alto, fica mais fácil ver o belo e o piedoso que existe em todos sem exceção. Quando olhar para um indivíduo com desdém, enxergue-o como uma noiva ou como um falecido e, com certeza, poderá evocar maior respeito e compaixão para com o semelhante.

G'VURA EM HOD DE NETSAH
CONTRAÇÃO EM REFINAMENTO
DE PERSISTÊNCIA

Depois de um bom choro, seu coração fica mais leve.

O alívio é uma experiência da contração. Nós nascemos de contrações e devemos estar preparados para fazer uso delas em momentos importantes de nossas vidas. Sempre que quisermos alívio, seja de uma tristeza ou de uma alegria muito grande, vamos ter que recorrer às lágrimas. O segredo de quem faz bom uso das contrações é evitar a tentação de se expandir num momento destes. Choro quer sempre dizer: é hora de ficar e não de sair fora. Quem chora se faz presente e quem está presente, embora contraído, fica mais leve. Diz o ditado: "se não fosse pela lágrima dos olhos o ser humano não poderia ver o arco-íris." Um dos grandes segredos do universo está contido na conexão entre contração e expansão.

TIFERET EM HOD DE NETSAH
EQUILÍBRIO EM REFINAMENTO
DE PERSISTÊNCIA

Quando uma pessoa sábia comete um erro, é um senhor erro!

Ampliar nosso conhecimento e, em particular, nosso autoconhecimento implica maior responsabilidade. Quanto mais consciente um indivíduo, maior a sua responsabilidade. Há custos embutidos no saber. Não queira saber demais sem ter o lastro necessário para isto. E lastro não quer dizer mais conhecimento. Lastro é uma medida de sinceridade e de humildade. Lastro é saber manter interesses que vão para além de nós mesmos: família, amigos ou nossa sociedade. Para cada medida de sabedoria é importante a contrapartida em postura frente à vida. Sem este equilíbrio, quanto mais você souber maior será a sua culpa e o seu cinismo.

NETSAH EM HOD DE NETSAH
PERSISTÊNCIA EM REFINAMENTO DE PERSISTÊNCIA

Um tapa passa, palavras permanecem.

Não há remédios para feridas da alma. Não conhecemos mertiolate ou band-aid para mágoas. É interessante notar que o tapa é a liberação de agressividade: uma vez desferido nos acalmamos. Já as palavras ofensivas aumentam a tensão e muitas das agressões são escaladas não pelo uso da força mas pelo atiçamento das palavras. Não é à toa que a definição judaica para o corajoso é "aquele que consegue controlar o seu impulso". Deter uma palavra é muito mais difícil do que deter um tapa. Afinal a palavra uma vez liberada não tem mais como ser controlada, já o tapa, até o último instante, pode ser contido.

HOD EM HOD DE NETSAH
REFINAMENTO EM REFINAMENTO DE PERSISTÊNCIA

Uma relação é como um tubarão:
tem sempre que se mover, ou morre.
— W. Allen

A vida é feita de movimento. O refinamento é conhecer a dança constante de tudo. O bom estrategista conta não só com o que ele sabe num dado momento mas também com o fato de que as condições deste momento não serão as do próximo. Sabendo disto pode agir entendendo ser um momento favorável, ou esperar, pois se tornará mais favorável. Na relação entre seres humanos a velocidade deste movimento duplica. Se um carro vem numa direção a cem quilômetros por hora e outro na mesma velocidade, se cruzam a duzentos. Os erros mais comuns nas relações entre amigos e amantes é considerarmos grosseiramente que tudo é estático, ou mesmo calcularmos apenas a nossa velocidade ou a do outro. Não é à toa que nos surpreendemos com a violência dos choques de nosso dia a dia.

IESSOD EM HOD DE NETSAH
ESSÊNCIA EM REFINAMENTO
DE PERSISTÊNCIA

Quando as pessoas falam de alguma coisa, é provavelmente verdade.

O maior problema da malícia não é a mentira, mas a meia verdade. Sempre que há uma fofoca, o grande problema é que há algo de verdadeiro. A intriga sempre se vale da verdade para poder contrabandear um julgamento. Os fatos não são tão importantes na malícia como a entonação que damos e que induz ao julgamento de outros. Devemos nos refinar no sentido de reconhecer as verdades contidas nos mexericos. Negá-las oferece munição ao malicioso para que, ao provar que há algo de real, nos faça engolir também o seu julgamento. A defesa de uma pessoa deve ser feita mais pela proposta: "se isto for verdade, deve haver alguma explicação" do que por "isto não pode ser verdade".

MAL'HUT EM HOD DE NETSAH
SEGURANÇA EM REFINAMENTO DE PERSISTÊNCIA

Apenas em sua própria mesa você pode se saciar.

Um dos grandes segredos da segurança é que ela se baseia em conquistas internas e não em externas. Essa descoberta pode favorecer-nos de duas maneiras: 1) fazendo com que deixemos de olhar para as mesas alheias pois elas não poderão nos saciar e 2) fazendo com que prestemos mais atenção nas possibilidades de nossa própria mesa. Quem conhece o caminho de chegar às suas conquistas não sente medo de perdê-las e se sente mais seguro. Já as caronas que tomamos na mesa dos outros podem ser de alguma valia, mas não se esqueça: elas não trazem segurança. O verdadeiro sustento, a que todos deveriam ter acesso e que realmente sacia, vem de nossa própria mesa.

SEMANA ESPECIAL INTERCALADA DE OUTONO (HEMISFÉRIO SUL) OU PRIMAVERA (HEMISFÉRIO NORTE)

FESTA PESSACH PÁSCOA

BINA
INÍCIO DA SEMANA INTERCALADA
LUA CHEIA

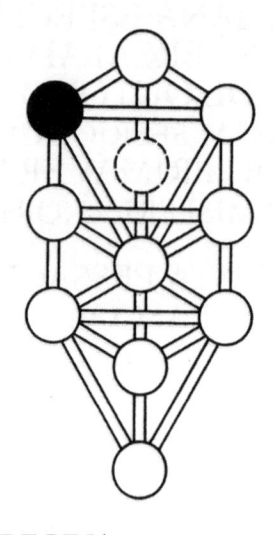

HESSED DE BINA
EXPANSÃO DE DISCERNIMENTO

Um milagre não pode provar o que é impossível; mas serve somente para confirmar aquilo que é possível.

Período de Páscoa. Esta é uma semana de plenitude (festividade) em expansão (saída, rebeldia). A possibilidade de rompermos com um hábito ou com um padrão em nossas vidas é a marca deste dia e de toda a semana que se segue. O primeiro ato é o de reconhecermos que nossa vida está estreita e que precisamos expandir nossos horizontes e sonhos. Mas para fazer isto temos que estar prontos para pagar o preço da expansão. No relato bíblico a saída da escravidão acontece com grande determinação. Não há tempo para fermentar o pão, ou seja, não há tempo para apegos, para tentar encerrar todas as pendências. É partir agora ou ficar. Aqueles que têm coragem descobrem o milagre que é a possibilidade de viver o impossível.

G'VURA DE BINA
CONTRAÇÃO DE DISCERNIMENTO

Quando todos pensam igual, ninguém está pensando.

– W. Lippman

A verdadeira liberdade acontece quando não somos escravos de pensamentos e ideias plantados em nós. Pouco a pouco vamos acumulando um lixo de reflexões que não são nossas, mas que estão presentes em nossa fala e em nossos atos. Um mestre querido costumava fechar os olhos antes de responder a uma pergunta. Certa vez explicou que fazia isto para pensar no que iria responder de forma automática e se perguntava: "Será que eu ainda penso assim neste exato momento?" Seu objetivo era não responder o que todos pensam nem apenas o que pensara no passado. Hoje, agora, o que pensamos? Qual é a nossa opinião neste instante? É fundamental esta contração, esta internalização, antes de expandir-se em resposta e pensamento para fora.

TIFERET DE BINA
EQUILÍBRIO DE DISCERNIMENTO

Se você fala muito, fala de si mesmo.

Um dos nossos grandes problemas é a ilusão de que estamos ampliando nossos horizontes quando, ao contrário, estamos limitando. O que de mais difícil existe é a expansão (com equilíbrio e persistência) seja na vida amorosa, nos negócios ou nas amizades. O desejo de expandir não pode cair na armadilha de ser um inchaço. Falar de si mesmo é pensar que você está crescendo quando, na verdade, está apenas engordando.

NETSAH DE BINA
PERSISTÊNCIA DE DISCERNIMENTO

Uma criança nasce com a mão fechada,
um homem morre com a mão aberta.

Permanência em boa metade de nossas vidas representa possuir, conquistar e realizar. Na outra metade, significa aprender a deixar, legar e desapegar. A persistência da expansão aponta para uma mão que veio a este mundo justamente para aprender a abrir-se. O caminho do crescimento é a expansão sem que tenhamos que ser tão possessivos. Você fica maior cada vez que precisa de menos. Mas não existe receita e o segredo não é apenas abrir a mão. A vida no cotidiano é sempre uma constante tensão entre a mão fechada e a aberta. Devemos respeitar ambas, pois cada vez que não sabemos fechar a mão nas horas em que se faz necessário, mais difícil se torna abri-la. Abrir a mão não significa abrir mão.

HOD DE BINA
REFINAMENTO DE DISCERNIMENTO

Se você tem muito para fazer – vá dormir!

O tempo na vida agitada de hoje é algo muito complicado. Um dos testes mais importantes que podemos fazer para resgatar um pouco de nossa sanidade é este: Estressado? Muito para fazer? Então vá dormir. O mundo não acaba se a gente se permite um tempo. As coisas se ajeitam. O estresse nos torna muito pouco eficazes e nos rouba o capital fundamental da vida – a vitalidade. Saber reconhecer os níveis que justificam "dar com os ombros" é um talento bastante importante. A simples sensação de que temos muito para fazer é em si um indício de que estamos no início de um processo de ansiedade. Refinamento é saber quando ser irresponsável e em que medida sê-lo.

IESSOD DE BINA
ESSÊNCIA DE DISCERNIMENTO

A vida é um sonho, não me despertem.

A expansão na vida depende de nossos sonhos. Quanto mais o tempo passa mais distantes e descrentes dos sonhos ficamos. Em parte por conta dos sonhos sonhados que não se realizaram, em parte por conta dos sonhos que se realizaram e não trouxeram a plenitude esperada. No entanto, dependemos fundamentalmente de nossos sonhos. Sem eles, sem o desejo de que não nos despertem e que possamos continuar sonhando, nada tem graça.

Sonhar por sonhar sem a expectativa de que a recompensa esteja em sua realização é aceitar que o sonho é em si também parte da vida. Muitos dos sonhos realizados só não foram bons porque junto com a sua realização também nos despertaram.

MAL'HUT DE BINA
SEGURANÇA DE DISCERNIMENTO

Se você olha para coisas muito altas, segure o seu chapéu!

A expansão é o sonho. A segurança, o chão da expansão, não significa abandonar esta condição. Quando se sonha, quanto mais alto se sonha, se deve prestar atenção ao chapéu. A liberdade traz ventos fortes e a ambição aumenta o tamanho da queda. Normalmente, quando olhamos para cima, temos a tendência de esquecer aquilo que em nós é vulnerável. Prestamos atenção em nossas qualidades e atributos e ignoramos nossas fraquezas. Na verdade, vencer é uma composição cuidadosa do uso de nossos dons e do conhecimento de nossas imperfeições. Há vezes em que os dons conseguem dar conta das imperfeições. Mas o verdadeiro vencedor é aquele que atua em ambas as pontas da possibilidade de crescer: fazer cada vez melhor o que se faz bem e menos pior o que se faz mal.

RETORNO AO CALENDÁRIO REGULAR

IESSOD DE NETSAH
INÍCIO DA SEMANA
LUA MINGUANTE

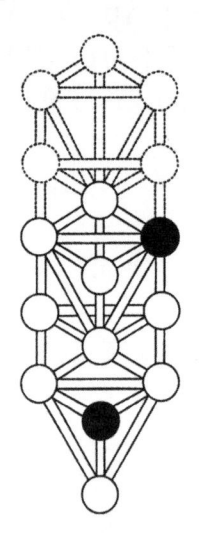

HESSED EM IESSOD DE NETSAH
EXPANSÃO EM ESSÊNCIA
DE PERSISTÊNCIA

Aqueles que não têm nada estão sempre dispostos a dividir com os outros.

Essa frase pode ser lida de forma irônica: claro, aquele que não tem nada não vai ter qualquer problema em dividir. Nossa *essência*, no entanto, só permanece em *expansão* quando nos percebemos como não tendo nada. Podermos nos enxergar assim é uma forma de desapego que favorece a solidariedade e traz uma sensação de que não se perde ao dividir mas, ao contrário, se ganha. É interessante que normalmente associamos a soma com a multiplicação no sentido de ganho, e a diminuição com a divisão, no sentido de perda. No mundo espiritual, porém, ocorre justamente o contrário: quem multiplica acaba reduzindo sua essência; aquele que divide, a amplia.

G'VURA EM IESSOD DE NETSAH
CONTRAÇÃO EM ESSÊNCIA
DE PERSISTÊNCIA

Quando conhecemos algumas faltas em alguém, dizemos:
Conheço bem o fulano!
Quando conhecemos muitas virtudes dizemos:
Eu mal o conheço.

O mal e o erro nos parecem muito mais definitivos e definidores do que o bem e o acerto. Se alguém nos faz algo de mal ou nos trai a confiança: "esse sujeito acabou para mim". Não há nada de bom que ele possa fazer que restitua a confiança nele. Pode ser uma opção agir de forma tão exigente, mas não deveríamos ter a mesma atitude para com as coisas boas? Alguém que nos faça algo muito positivo não deveria ser elevado à categoria de: "esse sujeito ganhou meu coração"? Quando alguém tiver sido singularmente legal com você, diga em voz alta: este sujeito eu conheço!

TIFERET EM IESSOD DE NETSAH
EQUILÍBRIO EM ESSÊNCIA
DE PERSISTÊNCIA

Esperança pode dar força a um
indivíduo, mas não bom senso.

As pessoas parecem misturar com grande facilidade dois importantes instrumentos para resolver seus problemas: esperança e bom senso. Apenas com um deles é muito difícil construir qualquer coisa. E infelizmente a esperança é muitas vezes entendida como um substituto do bom senso. Apesar de ser ela "a última que morre", com bom senso ela não precisa morrer tão frequentemente. Uma importante forma de equilíbrio é não permitir que a esperança nos cegue ou nos paralise. Neste sentido, a esperança pode ser tão perigosa como uma atitude do tipo "ó vida... ó azar". Quem espera, deve fazê-lo ativamente, com iniciativa e bom senso.

NETSAH EM IESSOD DE NETSAH
PERSISTÊNCIA EM ESSÊNCIA
DE PERSISTÊNCIA

O casamento é o triunfo
do hábito sobre o desagrado.

– O. Levant

A dupla combinação de uma persistência com a essência nos aponta para áreas da vida onde a repetição possui muita força vital. Por um lado existem as manifestações como a respiração – o maior de todos os hábitos humanos. Por outro os hábitos do tipo que triunfam sobre o desagrado. Estes são os hábitos que nos fazem viver diferente da forma que gostaríamos. O hábito se apodera do direito de nossa decisão e nos escraviza. Acabamos fazendo o que o hábito determina e vivemos uma vida que não é nossa. Quem vive de hábitos não escreve sua própria história, mas uma versão dela. Preste atenção a seus desagrados e oriente-se por eles em busca de uma vida melhor.

HOD EM IESSOD DE NETSAH
REFINAMENTO EM ESSÊNCIA
DE PERSISTÊNCIA

Não ter escolha também é uma escolha.

Uma forma bastante refinada é conseguir incluir a falta de escolha como uma escolha. Quantas e quantas vezes ficamos brigando conosco mesmos não querendo fazer algo que temos que fazer. Tentamos encontrar as mais diferentes saídas para não ter que fazer o que é necessário. Nestas situações acabamos não compreendendo que, mesmo contra nossa vontade, fazer algo que temos que fazer ainda é nossa maior vontade. Saber transformar uma não escolha numa decisão nossa, numa escolha, é prova de maturidade. Vive melhor quem escolhe as suas não escolhas do que aquele que é obrigado, esperneando, a aceitá-las.

IESSOD EM IESSOD DE NETSAH
ESSÊNCIA EM ESSÊNCIA
DE PERSISTÊNCIA

Se feito na hora certa, não é um pecado.

Um dos segredos (essência) mais bem escondidos na sociedade ou por aqueles que nos educam é o fato de que nada é por definição um pecado. O pecado ou o erro só existem em dadas condições. Há sempre uma ocasião ou uma situação onde o que é entendido como um pecado pode ser a melhor forma de agir naquele dado momento. Mas este segredo temos que descobrir sozinhos, pois ninguém se sente autorizado a revelá-lo. Isto porque da boca do outro este segredo é sempre uma justificativa para seus próprios atos. É a descoberta pessoal que possibilita conhecer a duplicidade desta essência da essência. Conhecê-la é o derradeiro encontro com a compaixão.

MAL'HUT EM IESSOD DE NETSAH
SEGURANÇA EM ESSÊNCIA
DE PERSISTÊNCIA

Quem gosta de seu trabalho, não fica sem trabalho.

Num mundo de tanto desemprego esta é uma afirmação que pode ser de grande insensibilidade. No entanto, ela traduz uma dica fundamental para quem está tendo dificuldades em encontrar trabalho. Ao contrário do que pareceria, mais do que nunca as pessoas devem buscar fazer o que de melhor fazem. Há sempre alguma tarefa na qual somos bons. Por mais estranha que ela seja, por menos lucrativa que ela pareça ser, entregue-se a ela. Pensar no que os outros precisam ou esperam é o que todos os desempregados fazem todo dia. O que você faz bem, só você sabe fazer.

MAL'HUT DE NETSAH
INÍCIO DA SEMANA
LUA NOVA

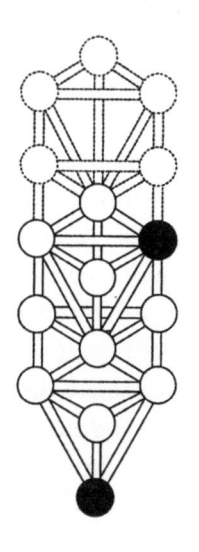

HESSED EM MAL'HUT DE NETSAH
EXPANSÃO EM SEGURANÇA
DE PERSISTÊNCIA

Emprestar deve ser com testemunhas;
doar, sem testemunhas.

É uma forma de sensibilidade saber quando oficializar algo afirmando compromissos e quando não fazê-lo. "Emprestar" são todas as situações em que temos a expectativa de algum retorno específico; "doar" é quando este retorno fica para a vida decidir. Há momentos em que doamos como empréstimos e há empréstimos que fazemos como doações. Ambos são péssimos. A sabedoria de distinguir empréstimos e doações é fundamental. No empréstimo há fé através das testemunhas; na doação, a fé está em não tê-las.

G'VURA EM MAL'HUT DE NETSAH
CONTRAÇÃO EM SEGURANÇA
DE PERSISTÊNCIA

*Quando faltar manteiga para
o pão ainda não é a miséria.*

Diante de aperto em qualquer questão de segurança mantenha sempre a perspectiva. É comum ficarmos deprimidos com qualquer perda ou diminuição de nosso poder aquisitivo. Mas a vida, em particular o sustento, tem seus altos e baixos. Faz parte... e quem nunca perdeu com certeza não sabe o que é ganhar. O importante é que, em contração, deve-se ter uma postura de força e gana, nunca de desespero e desânimo. A verdadeira miséria é daqueles que perdem sua autoestima. Para estes, mesmo o pão, por falta de qualquer complemento – manteiga, geleia ou o que seja –, é experimentado como miséria.

TIFERET EM MAL'HUT DE NETSAH
EQUILÍBRIO EM SEGURANÇA
DE PERSISTÊNCIA

Com o bom senso de outros, não se pode viver.

Um dos instrumentos mais importantes do desenvolvimento de uma pessoa é seu bom senso. Ele nos permite não apenas ponderar mas também intuir. Nosso bom senso não é infalível mas está ancorado em nossa experiência de vida. Ou seja, reflete o que a realidade nos ensinou. Assim sendo, o bom senso erra, mas não por muito tempo. As chances de acerto através do bom senso se tornam tão maiores como a persistência. Por isto quem é fiel a seu bom senso pode prever acontecimentos. E quando não puder prevê-los e for surpreendido pela vida, poderá somá-los a seu bom senso e enriquecê-lo.

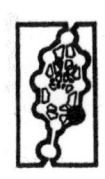

NETSAH EM MAL'HUT DE NETSAH
PERSISTÊNCIA EM SEGURANÇA
DE PERSISTÊNCIA

Até para azar, se precisa sorte.

As probabilidades do pior acontecer são muito pequenas, talvez impossíveis. Isto porque sempre poderia ser pior, salvo uma única situação. É sempre uma questão de reconhecermos quanta sorte tivemos em nosso azar. Aliás estas duas palavras – sorte e azar – são criações do ser humano para medir o quão longe ou próxima de nossa vontade passou a realidade. Como nossa vontade nem sempre é o melhor para nós, estas medidas são bastante imprecisas. Como então compreender o que nos acontece? Talvez o melhor que possamos medir é, de forma otimista, a sorte de nosso azar; e, de maneira pessimista, o azar de nossa sorte.

HOD EM MAL'HUT DE NETSAH
REFINAMENTO EM SEGURANÇA
DE PERSISTÊNCIA

Quem tem dinheiro é inteligente, bonito e canta bem.

É excessiva a valorização da segurança em nossa sociedade e cultura. A admiração por quem obteve meios para viver em abundância e sucesso é tão grande que esquecemos que existem pessoas que são verdadeiramente inteligentes, bonitas e que cantam bem. Saber enxergar as pessoas por aquilo que elas realmente são e não pelo que têm é fundamental. Passamos pela vida reverenciando pessoas que não merecem e desmerecendo aquelas a quem deveríamos ter profundo respeito. Pare e pense na tragédia que isto representa. Enxergar a verdadeira ignorância, feiura e desafinar de certas pessoas é reconstruir valores.

IESSOD EM MAL'HUT DE NETSAH
ESSÊNCIA EM SEGURANÇA
DE PERSISTÊNCIA

Boas ideias geralmente surgem
como os bombeiros – tarde demais!

Uma reflexão para quem busca sustento. Ficar pensando em boas ideias nem sempre é uma boa ideia. Isto porque as melhores ideias não são caçadas mas se oferecem de livre e espontânea vontade. Toda boa ideia possui um percentual de criatividade e de intuição. Quando pensamos numa boa ideia acabamos criando cenários idênticos aos que outros criam. E toda boa ideia precisa de um toque de originalidade. Se muitos têm a mesma boa ideia, ela deixa de ser boa. E por que elas surgem tarde demais? Porque estavam prontas para se doar mas não para serem capturadas. Quando estiver em busca de boas ideias, não tenha dúvida: a melhor coisa a fazer é parar de buscá-las.

MAL'HUT EM MAL'HUT DE NETSAH
SEGURANÇA EM SEGURANÇA
DE PERSISTÊNCIA

Amor é como manteiga, é bom com pão.

Conjunção de duas seguranças nos faz pensar em estabilidade. É comum fantasiarmos o amor como sendo um sentimento sem vínculo com o mundo material. Este é um erro. A própria função biológica do amor é possibilitar a continuidade de nossa espécie. Toda matéria começa com um sentimento. Quem casa quer casa e quem compartilha quer algo para compartilhar. Planejar com sabedoria o pão para poder usufruir da manteiga é essencial. Afinal não há nada mais maravilhoso do que manteiga. Com pão, aí até o café da paternidade e da maternidade é imbatível. Pura, no entanto, a manteiga além de enjoativa tem índices perigosos de colesterol.

MÊS ABSOLUTO
HOD

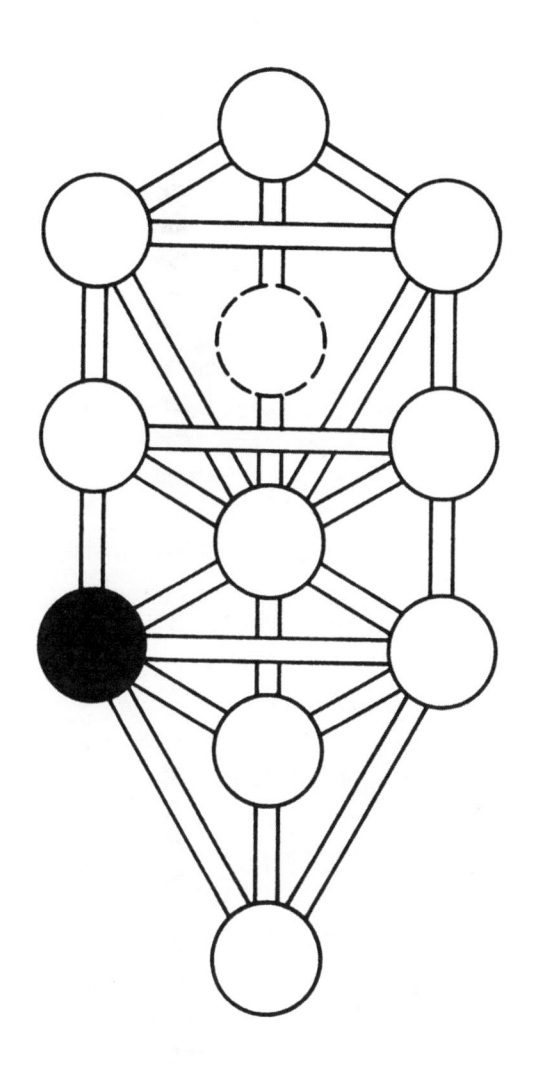

HESSED DE HOD
INÍCIO DA SEMANA
LUA CRESCENTE

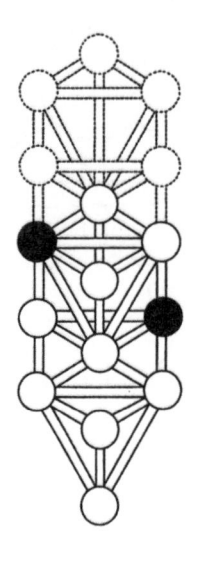

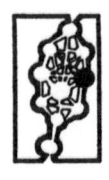

HESSED EM HESSED DE HOD
EXPANSÃO EM EXPANSÃO
DE REFINAMENTO

Quando o coração está cheio, os olhos transbordam.

A dupla expansão em refinamento revela o mais importante instrumento que dispomos para nos expandir: as lágrimas. O transbordar de nossos olhos é vital para expressar nossos sentimentos. Da mesma maneira que a saúde pode ser medida pela frequência de nossos sonhos ou pela qualidade de nosso sono, também pode ser pela capacidade que temos de gerar lágrimas. As lágrimas da solidariedade ou da comoção, ou mesmo as lágrimas da alegria, são exercícios d'alma indispensáveis. Se você não chora há muito tempo está tendo problemas de expansão. As lágrimas não vertidas enferrujam o coração e a alma.

G'VURA EM HESSED DE HOD
CONTRAÇÃO EM EXPANSÃO
DE REFINAMENTO

Quando fica faminto o rico?
Quando o médico recomenda.

Só é possível experimentar algo na vida se estamos em condição semelhante ou idêntica. A fome da dieta não é a fome da miséria. Tentar entender o mundo por nossas experiências de contração em meio à expansão nos leva a fazer julgamentos equivocados. Os roncos de nossa barriga só são compreendidos por outros que já os experimentaram. E assim o mundo se divide em dois tipos de pessoas: 1) os que nunca experimentaram tal sensação e 2) os que já a experimentaram. Os primeiros precisam ser educados e refinados para respeitar que não compreendem por inteiro a dor do outro. Os últimos devem ser sacudidos para lembrar como esta lhes doeu.

TIFERET EM HESSED DE HOD
EQUILÍBRIO EM EXPANSÃO
DE REFINAMENTO

Palavras devem ser pesadas e não contadas.

Não errar medidas é algo que aprendemos desde criança. Não dizemos meia dúzia de águas, ou um metro de feijão, ou um quilo de distância. Também nas relações humanas não podemos nos permitir medidas impróprias. Pais ralam com os filhos com quantidade de palavras que não possuem peso; amantes param de se comunicar com qualidade e substituem por quantidade. Em conflitos não é incomum acharmos que não dissemos nada de impróprio quando contamos nossas palavras mas, ao pesá-las, descobrimos aquilo que tanto magoou o outro.

NETSAH EM HESSED DE HOD
PERSISTÊNCIA EM EXPANSÃO DE REFINAMENTO

Nunca tive indigestão por comer minhas palavras.
– W. Churchill

É importante conhecermos medidas de permanência. Os ecologistas nos alertam que há produtos biodegradáveis e outros que não o são. Uma casca de fruta é rapidamente absorvida pela natureza, já um pedaço de plástico pode levar um tempo muito longo. Assim são nossas palavras. Elas perduram por muito tempo. Quem não acredita nisto deve tentar lembrar das palmadas que recebeu. Dificilmente as relembrará. Já as palavras que magoaram ou mesmo as palavras não ditas, estas carregamos conosco pela duração de uma vida. Tenha uma boa digestão engolindo as palavras certas e sabendo vomitar aquelas que não devem ser guardadas.

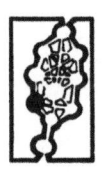

HOD EM HESSED DE HOD
REFINAMENTO EM EXPANSÃO DE REFINAMENTO

Se o soldado soubesse o que
o outro pensa, não haveria guerra.

O inimigo está dentro de nós. É claro que, numa trincheira no meio da guerra, achar que o inimigo está dentro de nós pode ser um erro fatal. Sabemos disto. A questão é não permitir que cheguemos a ponto de nos defrontar com baionetas. Neste momento o retorno – fazer o inimigo de fora reverter para dentro – fica muito difícil. Devemos, no entanto, aprender a não permitir que as coisas cheguem ao estágio em que o inimigo sai de nós e se localiza no outro. Se soubéssemos o que o outro pensa descobriríamos que é similar ao que nós pensamos.

Mais impressionante, descobriríamos como o outro pode enxergar em nós também um inimigo.

IESSOD EM HESSED DE HOD
ESSÊNCIA EM EXPANSÃO
DE REFINAMENTO

Quem se envergonha de sua família não terá sorte.

A essência da expansão de refinamento está em compreender que sem alicerces fortes não há expansão. Diz um ditado judaico: "se você quiser ampliar a sua tenda comece por reforçar as estacas." Enquanto o colégio é a escola do intelecto, a família é a escola do sentimento. Quem não se alfabetiza no amor, na solidariedade e em ver o outro como uma extensão de si mesmo, fica privado de grandes tesouros da vida. Ter vergonha da família é a incapacidade de integrar seu passado a seu presente. Esta condição dificulta em muito nossas vidas.

MAL'HUT EM HESSED DE HOD
SEGURANÇA EM EXPANSÃO
DE REFINAMENTO

A melhor distância da sua sogra é não tão perto que possa vir de chinelos, nem tão longe que tenha que vir de malas.

Devemos ser sábios em relação a nossos problemas mais sérios. Não podemos nos aproximar deles demasiadamente para que eles não nos enredem e nos paralisem. Não podemos também nos afastar muito para não nos alienarmos deles. Quem não criar uma certa distância de seus problemas corre o risco de tê-los de chinelos presentes em todos os instantes da vida. Quem, por outro lado, negligencia seus problemas pode ter a ingrata surpresa de vê-los chegar de mala e cuia. Vêm então para ficar, o que é muito mais intragável do que teria sido a visitinha que lhe poderíamos ter feito.

G'VURA DE HOD
INÍCIO DA SEMANA
LUA CHEIA

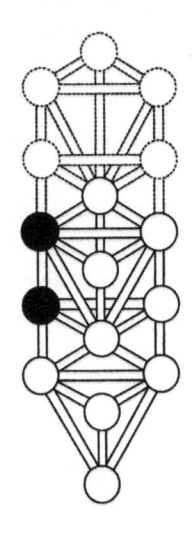

**HESSED EM G'VURA DE HOD
EXPANSÃO EM CONTRAÇÃO
DE REFINAMENTO**

*Coçar-se e pedir dinheiro
emprestado é bom por pouco tempo.*

Cuidado! O que pode ser bom em dado momento pode ser o transtorno do próximo. Temos uma responsabilidade tanto para com o agora como para com o próximo agora depois deste. Na verdade, toda a importância deste agora é que ele é responsável por todos os agoras que se seguirão. O ato de se coçar e o empréstimo são como todos os analgésicos: aliviam mas à custa de mascarar os sintomas. E os sintomas são muito importantes. Só devemos nos livrar deles quando já tenham cumprido sua tarefa de nos alertar sobre algum problema. Quando as medidas apropriadas são tomadas, então se coçar e tomar emprestado podem valer a pena da contração que se seguirá a ambos.

G'VURA EM G'VURA DE HOD
CONTRAÇÃO EM CONTRAÇÃO
DE REFINAMENTO

O que um ser humano pode pensar de si,
nem seu pior inimigo poderia.

Dupla contração em refinamento aponta para situações complicadas. A contração é muitas vezes apresentada como uma forma de rigidez ou severidade. E ninguém pode ser mais cruel conosco do que nós mesmos. A nossa capacidade de criticar-nos, de humilhar-nos ou de debilitar nossa própria autoestima é mais poderosa do que a de qualquer outra pessoa. Conhecemos muito bem nossas fraquezas e também os truques que usamos para ocultá-las. Enfrentarmos os ardis de nosso inconsciente depende de compreendermos que somos piores e melhores do que nos imaginamos. A tolerância para consigo próprio pode ser de uma violência inigualável.

TIFERET EM G'VURA DE HOD
EQUILÍBRIO EM CONTRAÇÃO
DE REFINAMENTO

Quando você manda um tolo ao mercado,
os comerciantes ficam contentes.

O equilíbrio numa condição de contração de refinamento é a busca de conhecer fraquezas e ignorâncias. Saber dizer e experimentar "eu não sei" é um recurso valioso em contração do refinamento. Simbolicamente, ir como um tolo ao mercado é não estar preparado para os desafios da vida. Não vá ao mercado se você não domina bem o seu negócio. O mercado é o lugar das relações, das competições e da sobrevivência. Tal como o animal não se expõe em clareiras na mata, não saber dizer "eu não sei", ou reconhecer que ainda não é hora, pode colocá-lo em situações de vida onde você pode ser presa fácil. Não se mande tolo ao mercado nas mais diferentes áreas da vida!

NETSAH EM G'VURA DE HOD
PERSISTÊNCIA EM CONTRAÇÃO
DE REFINAMENTO

Reze para que você não tenha que suportar tudo que pode suportar.

A maioria das pessoas pede por saúde, noivos ou até mesmo dinheiro. Não que tudo isto não valha a pena: saúde, amor e sustento são expectativas que todos temos o direito de almejar. Uma compreensão maior da vida, no entanto, nos faz sonhar de forma distinta. Compreender que o ser humano pode suportar coisas muito difíceis e que estas fazem parte da vida nos faz ter outras expectativas diferentes. Devemos ser muito gratos à vida quando esta nos trata com graça, pois fomos feitos tanto para usufruir de seu banquete quanto capacitados a sofrer suas mazelas. Dê-nos um caminho leve e, quando não o for, dê-nos fé de que podemos suportá-lo.

HOD EM G'VURA DE HOD
REFINAMENTO EM CONTRAÇÃO
DE REFINAMENTO

Quando o estômago fica vazio, assim também fica o cérebro.

O sábio Maimônides alertava para que tivéssemos cuidado com a barriga vazia. Dizia ele que fazer compras de comida com fome nos leva a comprar mais do que necessitamos; com a barriga cheia, a comprar menos do que necessitamos. Quem almoça com muita fome, come mais do que necessita. Refinamento é reconhecer nossos estômagos vazios. Se você está insatisfeito no trabalho, por exemplo, conheça esta fome antes de descarregá-la sobre sua família ou seu cônjuge. Seu estômago vazio é sempre responsável por atitudes dignas de um cérebro vazio.

IESSOD EM G'VURA DE HOD
ESSÊNCIA EM CONTRAÇÃO
DE REFINAMENTO

Mortalhas são feitas sem bolsos.

Uma das formas mais fundamentais de contração de refinamento é perceber a importância da consciência da morte sem nos encurralarmos no beco da morbidez. A morte deve ser uma companheira constante. É ela que dá sentido ao nosso tempo e é ela que tempera a nossa ganância. Graças à morte entendemos que tudo é emprestado. A paisagem à nossa volta é emprestada bem como qualquer propriedade que possuamos. Como inquilinos temos obrigação de devolver o mundo, pelo menos, em condições semelhantes às quais o recebemos. O bolso é um dos maiores predadores deste mundo, só lhe faz frente a própria morte.

MAL'HUT EM G'VURA DE HOD
SEGURANÇA EM CONTRAÇÃO DE REFINAMENTO

*Quanto mais crescer a carteira,
mais crescerão as necessidades.*

Segurança em contração normalmente fala de custos. Tudo na vida tem custos e compreender isto é refinar-se. Um livro escrito nos anos 60 chamado *Simplicidade voluntária* analisou quanto sacrifício fazemos por conta de custos que não reconhecemos. Um carro custa tanto em dinheiro mais IPVA, seguro, vistoria, garagem, reparos, gasolina, tirar carteira, multas e muitos outros itens que não computamos. Se soubéssemos fazer uma boa contabilidade de custos, faríamos investimentos muito mais sábios e eficazes. A simplicidade é, por exemplo, um excelente investimento. Seus rendimentos podem não ser dos melhores, mas em termos de custo é imbatível.

TIFERET DE HOD
INÍCIO DA SEMANA
LUA MINGUANTE

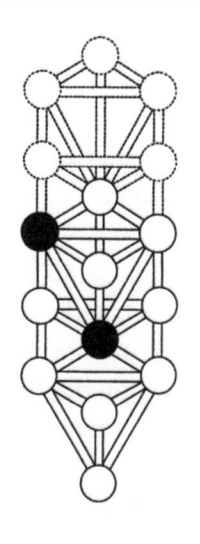

HESSED EM TIFERET DE HOD
EXPANSÃO EM EQUILÍBRIO
DE REFINAMENTO

*Quando o convidado tosse,
está faltando uma colher.*

O equilíbrio de refinamento é saber enxergar aquilo que o mundo à sua volta diz. Em filmes, vemos muitas vezes o índio dizer há quanto tempo as pessoas levantaram acampamento, quantas pessoas eram e outros detalhes, todos eles apreendidos de pistas deixadas no local. Na verdade, basta olhar à sua volta com perspicácia e você vai entender seu mundo muito melhor. Passamos com tanta pressa e superficialidade pela vida que deixamos de ouvir constantemente o que ela nos diz. Por que tossia o convidado? Há os que não ouvem, os que pensam que a tosse é aleatória e há neste mundo os que prestam muita atenção às tosses. Os últimos providenciam colheres.

G'VURA EM TIFERET DE HOD
CONTRAÇÃO EM EQUILÍBRIO
DE REFINAMENTO

*É melhor elogiar-se a si mesmo
do que depreciar os outros.*

Estamos constantemente buscando equilibrar nossa visão do mundo e de nós mesmos. Quando o mundo é muito melhor que nós, ficamos deprimidos e nos depreciamos. Quando somos muito melhores que o mundo, ficamos arrogantes e orgulhosos. No primeiro caso, tentamos equilibrar as condições atacando o mundo e encontrando defeitos em suas criaturas. No segundo, encontramos equilíbrio ao encarar nossas fraquezas e nos diminuindo. Há, no entanto, uma maneira mais positiva de fazer isto: ao invés de depreciar o mundo, elogie-se a si mesmo. E, ao invés de depreciar-se a si mesmo, elogie o mundo.

TIFERET EM TIFERET DE HOD
EQUILÍBRIO EM EQUILÍBRIO
DE REFINAMENTO

*O sábio possui ideias; a maioria
da humanidade é possuída por elas.*

Uma das grandes dificuldades da vida é saber construir e destruir ideias. Devemos ser tão aplicados e sábios para desmontar ideias como somos ao construí-las. Isto porque nenhuma verdade é absoluta, valendo apenas para um determinado momento e uma determinada situação. As ideias mais perigosas, portanto, são aquelas que, ao se mostrarem verdadeiras na experiência da vida, nos levam a querer usá-las inúmeras vezes. Se deu certo uma vez, por que mudar? O segredo da sabedoria é que a cada ideia se pode conhecer mais sobre a vida, mas não se pode controlá-la. A máxima de que "não se mexe em time que está ganhando" é tola. Para continuar ganhando não há time no mundo que não tenha que ser mexido o tempo todo!

NETSAH EM TIFERET DE HOD
PERSISTÊNCIA EM EQUILÍBRIO DE REFINAMENTO

A experiência aumenta nossa sapiência mas não reduz nossas tolices.

– Josh Billings

A persistência numa conjunção de equilíbrio e refinamento indica a necessidade de levar os processos de vida a completar seu ciclo de maturação. Quando experimentamos uma situação é comum acharmos que somos doutores em situações semelhantes. É verdade que a experiência nos permite antecipar certos resultados. No entanto, ela não nos oferece a possibilidade de antecipar as próprias situações para que possamos optar por envolver-nos com elas ou não. Para conseguirmos antever situações de vida, temos que ter muito claras as prioridades da vida, o que nos é verdadeiramente importante. Só assim a experiência pode ser útil. Ela é um instrumento de navegação que só tem uso se soubermos o destino desejado.

HOD EM TIFERET DE HOD
REFINAMENTO EM EQUILÍBRIO DE REFINAMENTO

Um cavalheiro nunca diz ter ouvido uma estória antes.
– Noel Coward

As anedotas servem como forma de socializar. Elas nos expõem momentaneamente ao outro. Acolher com compaixão uma pessoa no momento em que se expõe é, além de educado, uma das melhores formas de se fazer amigos. As pessoas ficam profundamente agradecidas aos que lhes abrem espaço social, da mesma forma que ficam magoadas com aqueles que lhes fecham este espaço. Ao mesmo tempo devemos ser cuidadosos com este refinamento. Se você ouve uma anedota pela segunda vez sem revelar este segredo, não fique julgando ou estudando o outro. Esta atitude é quase sempre percebida, deixando o outro ainda mais encabulado e exposto.

IESSOD EM TIFERET DE HOD
ESSÊNCIA EM EQUILÍBRIO DE REFINAMENTO

Não há nada mais difícil do que escrever uma carta de recomendação para alguém que você conhece.
– F. M. Hubrard

É mais fácil recomendar alguém que não se conhece. Por mais irônico que isto possa parecer, revela o fato de que todo ser humano é imperfeito, e quanto mais conhecemos alguém, menos absolutos podem ser os adjetivos com os quais o descrevemos. É preciso uma grande humanidade para conhecer os defeitos de uma pessoa e fazer uma recomendação que não seja falsa. Muitas das pessoas que lidam diretamente com o ser humano, como sociólogos, psicanalistas ou mesmo sacerdotes, precisam aprender a amá-lo com todas as suas fraquezas. É mais fácil lidar com a miséria humana do que com a sua mediocridade.

MAL'HUT EM TIFERET DE HOD
SEGURANÇA EM EQUILÍBRIO
DE REFINAMENTO

Por que sobra tanto mês no final do dinheiro?

– M. Chevalier

Quem dera o mês terminasse quando o salário acabasse. Como as coisas não são assim talvez devêssemos fazer como os antigos escribas. Ao escreverem uma linha de um pergaminho, quando chegavam ao meio da frase, começavam a escrever do fim para o meio. Faziam isto para ter certeza de que caberia tudo numa linha. Se faltava espaço, apertavam as letras; caso contrário, faziam com que ficassem amplas e folgadas. Devemos fazer isto com nossa economia pessoal também. Não apenas para sabermos quando vai faltar, como também para sabermos quando vai sobrar. E mais, aqueles que podem fazer estas contas desde o fim de um ano para o meio, ou da velhice para a meia-idade, conseguem não só mais sobra onde faltaria, como também aproveitar mais do que não seria usufruído.

NETSAH DE HOD
INÍCIO DA SEMANA
LUA NOVA

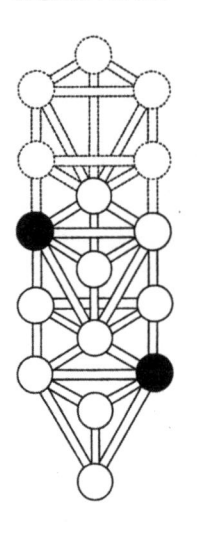

HESSED EM NETSAH DE HOD
EXPANSÃO EM PERMANÊNCIA
DE REFINAMENTO

Não seja tão humilde,
você não é tão especial assim!

– Golda Meir para Moshe Dayan

Para ser humilde uma pessoa tem que ser tão especial que só é possível sê-lo sem plena consciência de que se é. Se uma pessoa humilde se enxergasse como humilde não poderia conter seu orgulho de ser assim. Por esta razão a humildade só é alcançada pelo ser humano com uma autoestima muito elevada e, ao mesmo tempo, uma profunda consciência de sua insignificância. Diz uma lenda da tradição judaica que deveríamos andar com dois bilhetes nos bolsos de nossas calças. Num bolso colocaríamos o bilhete contendo a frase: "por nossa causa o mundo foi criado." No outro bolso, a frase: "do pó vieste e a ele retornarás!" Saber em que bolso colocar a mão na hora certa produz em nós a possibilidade de sermos humildes.

G'VURA EM NETSAH DE HOD
CONTRAÇÃO EM PERMANÊNCIA
DE REFINAMENTO

Tema só a estes dois: a D'us
e ao homem que não teme a D'us.

Uma das formas de refinamento em contração é saber quais são os temores que se justificam. E apenas dois temores são legítimos: temer a D'us e a quem não O teme. Apesar de serem dois temores distintos, eles têm origem na mesma compreensão. O temor a D'us é uma reverência profunda que nos inspira a ansiedade por agir de forma correta e justa. O temor a quem não teme a D'us provém do perigo que representa a ausência desta reverência. O temor tem a importante função de nos responsabilizar pelo futuro – algo que transcende a nós e aos interesses deste momento. D'us, literal ou figurativamente, é a representação de nosso compromisso com o futuro. Não honrar este compromisso é a única verdadeira razão para se temer.

TIFERET EM NETSAH DE HOD
EQUILÍBRIO EM PERMANÊNCIA
DE REFINAMENTO

A emoção ensinou os seres humanos a raciocinar.
– Vauvenargues

Uma das funções mais importantes da intuição é mostrar-se errada. Gostamos de falar sobre intuição como algo que dá certo, e muitas vezes dá. Mas a intuição falha, e muito. A intuição, os impulsos e as emoções não são instrumentos de confiança quando os experimentamos sozinhos. É a tensão entre o raciocínio e a intuição que produz uma forma eficaz de lidar-se com a vida. Foi muito provavelmente a ineficácia do sentimento de dar conta da vida que acabou gerando o bom senso e o raciocínio. E a arte da vida é fazer de ambos uma espécie de sistema de segurança: acionar o bom senso para temperar as emoções e as emoções para temperar o bom senso. Mas uma coisa é clara: não há ovo ou galinha. As emoções vieram primeiro.

NETSAH EM NETSAH DE HOD
PERMANÊNCIA EM PERMANÊNCIA
DE REFINAMENTO

A vida só pode ser compreendida olhando-se para trás, mas deve ser vivida olhando-se para a frente.

– Sören Kierkegaard

Uma das grandes lições da permanência é de que o sentido só será revelado olhando-se para trás. "O caminho se faz ao caminhar" é uma máxima que se deve compreender com suas duas tensões. Por um lado, devemos aprender que não vamos encontrar nenhum caminho pronto. Não adianta querermos planejar este caminho de antemão nem sequer seguir algum já preexistente. No entanto não se faz caminho se não se olhar para a frente. Quem dirige a vida pelo espelho retrovisor, assegurando-se a cada momento de que o caminho está se fazendo, muito provavelmente se arrebenta em um poste da vida. O espelho retrovisor só serve para nos alertar sobre o que de trás, do passado, tem condições de influenciar nossa trajetória para a frente.

HOD EM NETSAH DE HOD
REFINAMENTO EM PERMANÊNCIA DE REFINAMENTO

Geralmente às teorias em que
acreditamos denominamos fatos,
e aos fatos que desacreditamos
denominamos teorias.

– Felix Cohen

Somos prisioneiros de nossos interesses. Somos todos seres políticos no sentido de que acreditamos e propagamos aquilo que melhor serve à causa da nossa sobrevivência. Por isso algumas coisas que consideramos certezas são tratadas como hipóteses e algumas hipóteses são por nós elevadas à categoria de certezas. Este é o mundo que queremos e sonhamos. Para isto, fazemos uso de todo o nosso aparato de compreensão da vida e o utilizamos para provar as teorias que gostaríamos que fossem a realidade. Portanto, nossa versão dos fatos é muito similar à versão dos políticos. E não é raro um político minimizar algo que é substancial ou, ao contrário, tornar grande algo que é insignificante.

IESSOD EM NETSAH DE HOD
ESSÊNCIA EM PERMANÊNCIA DE REFINAMENTO

Aquele que nunca passou por tolo
neste mundo não pode ser sábio.

Perguntaram ao rabino Zalman: "Como se consegue ter bom senso?" Ele respondeu: "Através da experiência." Perguntaram: "E como se adquire experiência?" Respondeu: "Através do mau senso." Como se obtém o bom senso então? Através de "maus sensos", pois com eles aprendemos. Aquele que não foi tolo não pode adquirir sapiência. Na verdade, um sábio é aquele que teve a maior quantidade de oportunidades na vida de ser tolo em diferentes situações. Quem é o tolo? É aquele que foi mais vezes tolo no menor número de diferentes situações. Porque o sábio passa por tolo para não mais passar. Perder e errar são condições fundamentais do sucesso quando se é capaz de entender por que se perde e por que se erra.

MAL'HUT EM NETSAH DE HOD
SEGURANÇA EM PERMANÊNCIA
DE REFINAMENTO

A vida é um sonho para o sábio,
um jogo para o tolo, uma comédia
para o rico e uma tragédia para o pobre.

– Scholem Aleichem

Buscamos dar sentido às nossas vidas da melhor maneira possível. O sábio compreende que tudo que compreende é uma ilusão – sua vida é um sonho. O tolo vive preocupado com os outros e faz da vida um jogo. Ele acredita que há vencedores e perdedores; que há lances vitoriosos e lances perdedores. Já o rico, dispensado da batalha do sustento, não aceita levar nada muito a sério. Engana-se pensando que a vida é um palco e a realidade sua plateia. Já o pobre vê o mundo com as lentes da carência. Por mais emocionante que a vida possa ser (muitas vezes mais cativante que os enredos das comédias), não passa de uma tragédia. Uma coisa é comum na percepção de todos: um sonho, um jogo, uma comédia ou uma tragédia têm começo e têm fim.

HOD DE HOD
INÍCIO DA SEMANA
LUA CRESCENTE

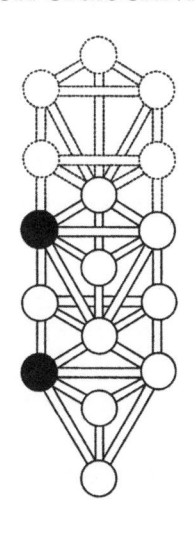

HESSED EM HOD DE HOD
EXPANSÃO EM REFINAMENTO
DE REFINAMENTO

A adversidade torna as pessoas melhores, a sorte as faz piores.

Não há a menor dúvida de que nos aprimoramos quando somos expostos à adversidade. Mas por que a sorte nos faria piores? Em ambas as situações a pergunta "por que eu?" nos cruza o pensamento. A grande diferença é que na necessidade ela permanece como uma pergunta aberta. Na sorte, adiantamos uma resposta. É esta resposta que nos faz piores. Por mais inconsciente que ela possa ser, invariavelmente responde que somos o centro do universo e das atenções de D'us. Esta compreensão é tão errada que, mais cedo ou mais tarde, nos fará mal. Quem tem necessidades pode até vir a pensar que não é o centro do universo (uma conclusão tão errada como a primeira), mas nunca aceitará esta conclusão.

G'VURA EM HOD DE HOD
CONTRAÇÃO EM REFINAMENTO
DE REFINAMENTO

É melhor manter a boca fechada e parecer um ignorante do que abri-la e remover qualquer dúvida.

– Mark Twain

Uma das mais eficazes formas de refinamento é o silêncio. Ao contrário do que pensamos, não saber pode ser prova de grande refinamento quando nos fazemos conscientes de nossa ignorância. Na verdade, grande parte de nossa educação é aprendermos o quão ignorantes somos. Os sábios dão importantes lições de vida quando sabem mostrar a si e aos outros que não sabem. Alguém que não sabe com elegância é muito mais respeitado do que aquele que sabe com arrogância. Não tardará muito para a superioridade do primeiro se fazer notar. Isto porque quem sabe com arrogância não perderá a oportunidade de falar no primeiro momento em que deveria se calar. Quem não sabe "não saber", dificilmente sabe alguma coisa.

TIFERET EM HOD DE HOD
EQUILÍBRIO EM REFINAMENTO
DE REFINAMENTO

Uma boa vida é aquela inspirada pelo amor e guiada pela sabedoria.

– Bertrand Russell

O maior equilíbrio do refinamento é entregar o momento à emoção e o futuro ao bom senso. Para saber capturar o momento presente temos que estar desguarnecidos de nossa racionalidade. As boas reações do momento são o grito, a gargalhada, o choro e, acima de tudo, os abraços. Feliz de quem tem sua vida inspirada por esta disponibilidade. Já a possibilidade de oferecer para si e para o mundo um bom futuro depende de evitarmos nos entregar apenas aos impulsos. Planejar é guiar-nos pela sabedoria reconhecendo que, a cada momento, nosso projeto de vida pode ser repensado pelos abraços e impulsos do instante. Uma boa vida é feita de olhar para a frente, sempre se dispondo a parar para um cafezinho.

NETSAH EM HOD DE HOD
PERMANÊNCIA EM REFINAMENTO
DE REFINAMENTO

A esperança é a descoberta de que
o sentimento de agora não é permanente.
– Jean Kerr

Um dos grandes problemas de nossa vida é a impermanência. Vivemos sofrendo por conta da transitoriedade de tudo. No entanto, não percebemos que aquilo que parece ser nosso grande temor e revés pode ser visto como o maior recurso e trunfo de que dispomos. Se ao acumularmos bens, se ao amarmos outras pessoas ou se ao dispormos de nosso tempo, pudéssemos estar conscientes de que tudo é passageiro, construiríamos um mundo melhor. Nosso mundo só é tão perverso porque queremos fazê-lo nosso, pela posse e pela permanência. Este é o nosso paradoxo: quanto mais abrirmos mão, mais lindo ele é; quanto mais lindo, menos queremos abrir mão.

HOD EM HOD DE HOD
REFINAMENTO EM REFINAMENTO DE REFINAMENTO

O desejo de ser mais esperto do que todos os demais é a maior das tolices.

Tríplice refinamento é uma conjunção poderosa. Somos treinados desde pequenos a funcionar competitivamente. A necessidade animal de ser apto para poder produzir seu sustento e seu espaço no mundo não significa ser o melhor. Esta busca por excelência é uma das grandes armadilhas da vida. Conseguir ser competente e funcionar de maneira harmônica com a vida não quer dizer ser o melhor. Quem é o melhor vê a realidade de forma distorcida e, quando todos querem ser o melhor, nos tornamos um bando de tolos. Mais do que isto, num mundo onde todos querem ser os melhores, fica difícil sobreviver. O desejo de ser mais esperto que os outros piora a qualidade de vida de todos.

IESSOD EM HOD DE HOD
ESSÊNCIA EM REFINAMENTO DE REFINAMENTO

Quando todos pensam igual, ninguém está pensando.
– W. Lippman

O condicionamento do pensamento é o parasita mais nocivo à criatividade e à consciência. Na jurisprudência judaica os julgamentos onde um réu era condenado por unanimidade eram desqualificados. Considerava-se que, qualquer que seja a situação, há sempre uma *outra* forma de compreendê-la. Quando todos compreendem da mesma forma significa que a situação não foi apresentada corretamente. Se o fosse, teria gerado dúvidas pelo menos em um dos jurados. Desconfiar da unanimidade é uma forma sadia de continuar pensando. Isto porque a opinião de outros ou os padrões de compreensão já automatizados são altamente contagiosos. O ato de pensar exige individualidade. Mesmo o ato de pensar igual tem que ser alcançado de forma diferente.

MAL'HUT EM HOD DE HOD
SEGURANÇA EM REFINAMENTO
DE REFINAMENTO

Demais é supérfluo.

Esta é uma lei da segurança muito pouco compreendida. Por um lado ela é óbvia: o que é em demasia... quem precisa? Porém incorporar esta máxima ao nosso comportamento é tarefa difícil. Se soubéssemos que demais é supérfluo não gastaríamos tanto tempo de nossas vidas perseguindo aquilo que não precisamos. Só nos serve o que podemos usufruir, para além disso começamos a perder. Diz a máxima: "Vivo simplesmente para não ter que voltar à simplicidade." Não é tão ruim a simplicidade como é ter que voltar para ela. Não possuir demais é uma lei da economia que a própria economia não aprendeu. O mundo do futuro, se existir e se for melhor do que este, será um mundo onde todos compreenderão que ter demais é em si uma patologia. Quem tiver em demasia deverá buscar a ajuda de um existenciologista.

IESSOD DE HOD
INÍCIO DA SEMANA
LUA CHEIA

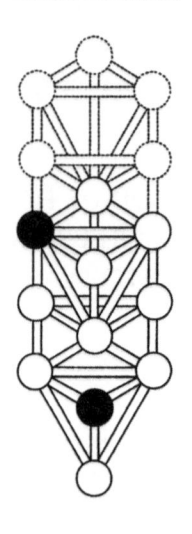

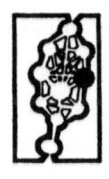

HESSED EM IESSOD DE HOD
EXPANSÃO EM ESSÊNCIA
DE REFINAMENTO

Força bruta é algo que se pode suportar, mas razão bruta é inaceitável.

Ainda utilizamos a razão como uma extensão de nossa força física. Ela serve para dominar e tem sido instrumento de poder através da História. No entanto, a verdadeira razão sabe que seu uso para estes fins é uma contradição à sua própria natureza. A força é irracional e toda a razão bruta, construída para dominar, é irracional. Portanto, não é uma razão, finge ser. Os filósofos e teólogos acreditavam numa integridade da razão que a tornaria impossível de ser usada com o intuito da brutalidade. Enquanto estes dias não chegam, toda desconfiança se justifica.

Toda forma de convencimento é uma profunda falta de educação e refinamento.

G'VURA EM IESSOD DE HOD
CONTRAÇÃO EM ESSÊNCIA
DE REFINAMENTO

Se você se aprofundar demais na razão ela o levará a conclusões contrárias à razão.

– S. Butler

A razão é um instrumento. Tal como o olhar é um instrumento. Entendemos isto quando os olhos não veem no espaço um planeta, mas podemos com a razão calcular sua existência estudando-se a órbita de outros astros. A razão permite ver onde os olhos perdem a capacidade. Mas ela própria nunca deixa de ser um instrumento. Como os olhos nos servem até o limite de sua capacidade de ver (e são cegos para tudo que está além desta), também a razão nos faz ver até os limites de sua sensibilidade. Para além, a razão é cega e não serve como instrumento. A razão só é útil se fazemos uso dela conhecendo seus limites.

TIFERET EM IESSOD DE HOD
EQUILÍBRIO EM ESSÊNCIA
DE REFINAMENTO

Louco não é aquele que perdeu a razão, mas o indivíduo que perdeu tudo, exceto a razão.

Fazemos uso ínfimo de nossas faculdades cerebrais. Utilizamos apenas cerca de 10% de sua capacidade. Quem seríamos se utilizássemos plenamente os 100% deste potencial? Seríamos loucos! Ocupar nosso cérebro sem deixar nele partes vazias é roubar-lhe toda a eficiência e riqueza. É neste vazio que ele realiza suas manobras. A ocupação racional de todo o cérebro é uma loucura que faz da arte, da fé, das emoções e do amor prisioneiros do raciocínio. Seu produto é a destruição. Quem age apenas por conta do que pensa é uma criatura cruel.

NETSAH EM IESSOD DE HOD
PERMANÊNCIA EM ESSÊNCIA
DE REFINAMENTO

Quando o hábito e a razão entram em conflito, o hábito sempre leva vantagem.
– Napoleão Bonaparte

O hábito, desde o simples costume até o vício, supera a razão. Percebemos isto no nível físico mais concreto. A maioria dos esportes exige que nos acostumemos a usar o corpo de forma diferente da que utilizamos e isto se revela extremamente difícil. Progredir num esporte é aprender a sentir-se seduzido pelo prazer de vencer hábitos antigos e conquistar novas destrezas. Assim também deveria ser nas esferas afetiva, intelectual e espiritual. Deveríamos nos tornar viciados em romper hábitos. Este hábito sim, e não a razão, é o único que pode fazer frente aos nossos antigos hábitos. Feliz daquele que consegue viver cada momento de maneira diferente dos anteriores.

HOD EM IESSOD DE HOD
REFINAMENTO EM ESSÊNCIA
DE REFINAMENTO

Toda vez que um tratado de paz é assinado, D'us está presente.
– Rabino Nachman de Bratslav

A essência do refinamento é a paz. Ela é uma conquista difícil que exige a atuação perfeita de quatro anjos que a tradição judaica diz existirem à nossa volta: um anjo que nos sopra no ouvido "esquece"; um segundo que sopra ao outro ouvido "lembra"; um terceiro que nos empurra para enfrentar as situações; e um quarto que nos detém quando vamos agir de uma forma impulsiva e inadequada. O equilíbrio exato entre enfrentar, conter-se, lembrar e fazer vista grossa é uma arte que produz a paz. Em momento algum ela é passividade, mas ativa até mesmo quando passiva. A paz poderia ser resumida como a sabedoria de se fazer presente. E se quem produz a paz sabe se fazer presente, descobrirá a seu lado o Mestre da presença.

IESSOD EM IESSOD DE HOD
ESSÊNCIA EM ESSÊNCIA
DE REFINAMENTO

A filosofia está para o mundo real, como a masturbação para o sexo.

– Karl Marx

Diz a Ética dos Ancestrais: "Todo aquele cuja sapiência excede os seus atos, sua sapiência é temporária; todo aquele cujos atos excedem a sua sapiência, sua sapiência permanece." Não há substituto para a experiência. A sapiência só pode ser armazenada em receptáculos confeccionados da experiência da vida. A masturbação pode tentar produzir o prazer de uma relação sexual, mas é vazia no sentido afetivo e, mais do que tudo, não é capaz de cumprir com a tarefa que originou o próprio ato sexual: a reprodução. O mesmo com o pensamento: ele pode reproduzir esquemas e cenários para a realidade, mas não consegue bancar a tarefa de viver. A vida, como o sexo, não tem significado sem um outro.

MAL'HUT EM IESSOD DE HOD
SEGURANÇA EM ESSÊNCIA DE REFINAMENTO

Onde há muito, há algo faltando.

Onde há excesso, pode ter certeza – algo está faltando. A abundância é o que mais gera escassez. Preste atenção na ecologia. Houve época em que se dizia: "é melhor um pássaro na mão do que dois voando." Hoje estamos aprendendo que, a não ser que se necessite do pássaro naquele momento, é melhor dois pássaros voando. Pássaro voando é a melhor maneira de se ter abundância num mundo onde as espécies estão em extinção. É melhor ele estocado como uma riqueza viva do que apodrecendo num armazém. Preste muita atenção onde há "muito" em sua vida. Este "muito" pode ser responsável por algo que falta.

MAL'HUT DE HOD
INÍCIO DA SEMANA
LUA MINGUANTE

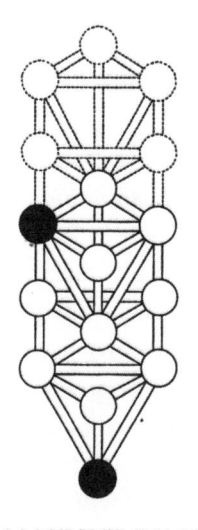

HESSED EM MAL'HUT DE HOD
EXPANSÃO EM SEGURANÇA
DE REFINAMENTO

Sucesso é conseguir o que você quer,
felicidade é querer o que você consegue.
– D. Gardner

A Ética dos Ancestrais já dizia: "Quem é rico? Aquele que está satisfeito com a sua porção." O sucesso é uma medida que depende de reconhecimento externo, já a felicidade é uma medida interna. O mundo externo pode oferecer o que tem de melhor, mas se você não quer o que consegue então não há sucesso possível que gere felicidade. Vemos que a força motriz de tudo é o querer. Qualquer maestria sobre a vida tem a ver com a arte de ser dono de seu querer. Quando, ao contrário, se é escravo do querer, o máximo a ser almejado é o sucesso. E de bem-sucedidos que se suicidaram o cemitério está cheio. Mas não conheço ninguém que, por felicidade, tenha tirado a própria vida.

G'VURA EM MAL'HUT DE HOD
CONTRAÇÃO EM SEGURANÇA
DE REFINAMENTO

Demora vinte anos para se conseguir
um sucesso da noite para o dia.

As fantasias do tipo loteria nos fazem muito mal. A vida é feita de muita luta e aquilo que nos parece fácil para os outros é muitas vezes produto de muito esforço. É verdade que a vida contempla ainda outras duas possibilidades de sucesso. A primeira é lutar muito numa área onde o reconhecimento ou a recompensa venha em grande medida, enquanto outros dão duro igual mas em áreas de menor retorno. A segunda é a dita sorte, quando acontece de se estar na hora certa e no lugar certo. Quanto à sorte, ela não se controla. Quanto a áreas de maior recompensa, é parte de nossa obrigação na busca do sucesso antever áreas que nos tragam maior retorno. Mas, na grande maioria das vezes, trabalha-se vinte anos para os outros verem, do dia para a noite, uma pessoa se dar bem.

TIFERET EM MAL'HUT DE HOD
EQUILÍBRIO EM SEGURANÇA
DE REFINAMENTO

Trabalhando muito oito horas por dia,
eventualmente, você consegue virar
o chefe e trabalhar doze horas por dia.

A vida é equilíbrio. Encontrar segurança em refinamento significa saber ser um estrategista de nossos sonhos. Devemos aprender a fazer planos que estejam bem coordenados com a nossa vontade. Não é raro que diante de um investimento tenhamos um único pensamento: será que terei condições de arcar com os custos? Mas esta questão não pode nunca se antecipar à verdadeira questão que é: desejamos o que estamos buscando? Infelizmente fechamos muitos negócios na vida ao acreditarmos que podemos arcar com seus custos, relegando a pergunta "se é isto que queremos" para um segundo plano. Tente sempre descobrir se o que você quer (ser chefe) é o que você realmente gostaria para você.

NETSAH EM MAL'HUT DE HOD
PERMANÊNCIA EM SEGURANÇA
DE REFINAMENTO

*A felicidade é uma boa saúde
e uma má memória.*

– Ingrid Bergman

Segurança de refinamento não combina muito bem com permanência. Isto porque a segurança não se manifesta por este atributo da permanência. Quanto maior o desejo de perpetuação, menor a segurança. Basta olharmos os investimentos do mercado econômico: quanto maior o lucro, maior a segurança; mas para obter maior lucro, maior é o risco. Quanto maior o risco, menor a permanência. As únicas áreas onde a segurança é percebida através da estabilidade são: a saúde e o esquecimento. A saúde porque quando funcionamos perfeitamente ficamos convencidos de que assim é a vida. O esquecimento porque, ao ocultar-nos a lembrança da instabilidade de ontem e alienar-nos da de amanhã, produzimos uma sensação de segurança na estabilidade.

HOD EM MAL'HUT DE HOD
REFINAMENTO EM SEGURANÇA DE REFINAMENTO

*Não ensinar seu filho a trabalhar
é como ensiná-lo a roubar.*

– Talmud

Para o Talmud, os pais têm a responsabilidade de ensinar a seus filhos: sua tradição (cultura e religião), uma profissão e a nadar. O último requisito dá o tom dos demais – trata-se das habilidades necessárias para sobreviver. Ensinar seu filho a trabalhar não é somente oferecer o conhecimento de um ofício, mas transmitir-lhe o conceito de trabalho. Iniciar seus filhos ao sustento é o grande objetivo dos pais no mundo. Faltar a esta obrigação não é algo neutro – é como se lhes ensinássemos a roubar. Não há maior refinamento que produza segurança do que o amor ao trabalho.

IESSOD EM MAL'HUT DE HOD
ESSÊNCIA EM SEGURANÇA DE REFINAMENTO

O maior problema ao desemprego é que no momento em que você acorda já está no trabalho.

Aquele que se encontra desempregado vive uma grande angústia. Não lhe é dado nenhum descanso. Não há sábado, domingo ou feriado. Não há hora de bater o ponto da preocupação, não há fim. Por esta razão, não assuma a posição do desempregado. Enquanto você procura outra colocação vá trabalhando. Invente o que for, mesmo que seja algo diferente do seu status anterior. Sinta-se empregado, valendo algo, fazendo algo. Lembre-se do ditado "nunca fui pobre, sempre estive duro". A pobreza não é tão miserável como o estado de pobreza. Nem a falta de colocação é tão humilhante como a categoria do desempregado – do que assume não ter uso ou utilidade.

MAL'HUT EM MAL'HUT DE HOD
SEGURANÇA EM SEGURANÇA
DE REFINAMENTO

Em uma sociedade há apenas um grupo que pensa mais sobre dinheiro do que os ricos; são os pobres.
– Oscar Wilde

Dinheiro é hoje uma grande doença de nossa civilização. O que deveria representar um símbolo de união e solidariedade entre as pessoas é hoje o símbolo de poder sonhar em não se importar com elas. A possibilidade de acumular dinheiro e tornar-se livre das relações de sustento ou mesmo de sociabilidade são muito perversas. O dinheiro foi criado como um símbolo de trocas e não de acúmulo. O mais triste é que esta não é uma enfermidade apenas dos ricos. Contaminou também os pobres. O pobre com dinheiro amanhã é o mesmo rico de hoje. Será somente quando os pobres, lembrando da opressão de sua pobreza, souberem ser ricos diferentes dos ricos de hoje que o mundo se modificará. Aguardamos a revolução dos novos-ricos.

MÊS ABSOLUTO
IESSOD

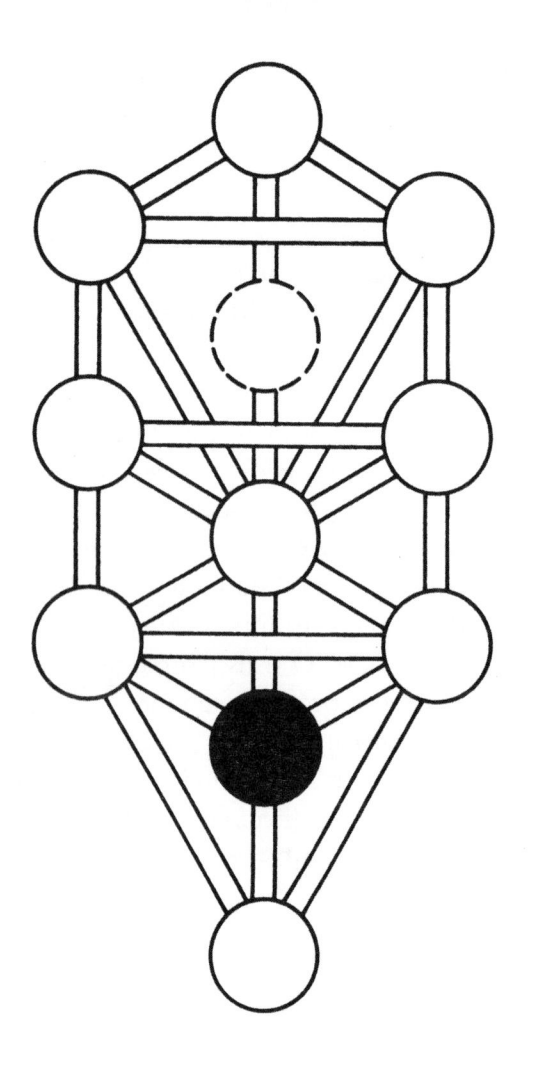

HESSED DE IESSOD
INÍCIO DA SEMANA
LUA NOVA

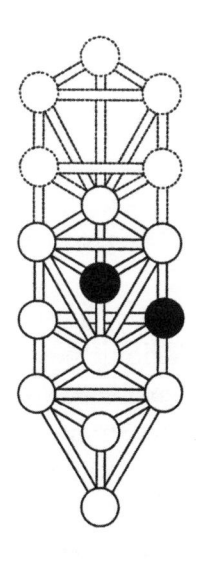

HESSED EM HESSED DE IESSOD
EXPANSÃO EM EXPANSÃO
DE ESSÊNCIA

Para o sábio, a educação revela a extensão de sua ignorância. Para o tolo, ajuda-o a ocultá-la.

– Mark Twain

Uma das maiores formas de expandirmos nossa consciência é tomando contato com tudo aquilo que não sabemos. Quanto mais sabemos o que não sabemos, mais sofisticados nos tornamos. Sua escolaridade não lhe permite saber muito, mas sua experiência de vida lhe faz saber muito sobre o que não sabe. A boa educação é a que nos ajuda a enxergar nossa cegueira. Já o tolo faz uso da educação para saber mais. Quanto mais sabe, mais se distancia de ser um profundo conhecedor de sua ignorância. Quem sabe muito sobre o que não sabe é um nobre entre os seres humanos. O educado para saber, no entanto, é uma das figuras mais patéticas que nossa sociedade pode produzir.

G'VURA EM HESSED DE IESSOD
CONTRAÇÃO EM EXPANSÃO
DE ESSÊNCIA

O que um homem sóbrio pensa, um bêbado faz.

Se pudéssemos ouvir em voz alta o que pensamos, morreríamos de vergonha. O silêncio de nossa intimidade nos protege de conhecermos nosso verdadeiro eu. Esta é a razão pela qual uma vida de sobriedade não é muito recomendável. Ficar bêbado de tanto em tanto, no sentido de fazer contato com este mundo de nosso viver íntimo, é fundamental. Melhor ainda é quando podemos ficar bêbados sabendo que estamos bêbados. Isto porque muitas vezes a embriaguez não nos permite ouvir nada nem conhecer nada. Esta é a própria função da sobriedade: permitir-nos compreender melhor quando estamos embriagados. Beber é olhar nos olhos; é tirar para dançar; é agarrar oportunidades.

TIFERET EM HESSED DE IESSOD
EQUILÍBRIO EM EXPANSÃO
DE ESSÊNCIA

As pessoas nascem ignorantes, mas não estúpidas; elas são feitas estúpidas por sua educação.

– Bertrand Russell

A ignorância é a matéria-prima do conhecimento, o vazio necessário para conter algo. A ignorância é estética e as crianças são prova disto. Há em sua inocência a promessa de lapidar-se uma preciosidade em forma bruta. A ignorância, ao mesmo tempo, quando não é preenchida por crescimento e descoberta vai se tornando uma falsa promessa. Mas ela nunca irá produzir injustiça. A injustiça é a criação da estupidez e esta, por sua vez, é produto da educação. Toda vez que o vazio da ignorância é completado pelo saber que se julga absoluto, que tem aversão à dúvida, implanta-se uma estupidez. Muito cuidado ao educar pois você pode estar trocando um ignorante por um estúpido!

NETSAH EM HESSED DE IESSOD
PERMANÊNCIA EM EXPANSÃO
DE ESSÊNCIA

Saiba entrar em parcerias de estudo e encontre para você mestres.

– Ética dos Ancestrais

Uma boa parte do estudo diz respeito a aprender a estudar. Para a tradição mística é necessário sempre um parceiro de estudos. Este outro nos escuta e, ao fazê-lo, nos faz ouvir a nós mesmos. As crianças sabem disto quando nos pedem para tomar delas a matéria. O adulto também precisa ser tomado para certificar-se de que sabe. Este outro parceiro que nos escuta permite a crítica e a autocrítica estabelecendo o estudo. Os parceiros representam um estudo horizontal; os mestres, um estudo vertical. Encontrar nossos modelos é tão importante como o conteúdo do que podemos deles aprender. Identificá-los é em si uma das formas mais sofisticadas de estudo.

HOD EM HESSED DE IESSOD
REFINAMENTO EM EXPANSÃO DE ESSÊNCIA

Muito tenho aprendido de meus professores, mais ainda de meus colegas, mas, acima de tudo, de meus alunos.

– Ética dos Ancestrais

O estudo não é a busca de uma resposta – é um processo. Saber estudar significa poder engajar-se em várias interações. Nossos professores e nossos colegas nos auxiliam a preencher o vazio de nossa ignorância; já os alunos nos permitem rever de que forma este vazio foi preenchido. Os alunos nos confrontam com a imperfeição de nossas ideias, expõem as claras manipulações que fazemos do conhecimento e nos deixam cara a cara com os nossos preconceitos. Quem educa está sempre se reeducando. Este ensino que nos retorna por conta daqueles a quem estamos ensinando é muito especial. É ele, muito provavelmente, que cobrirá os espaços deixados por aquilo que ficou por ser entendido durante o processo de nossa própria educação.

IESSOD EM HESSED DE IESSOD
ESSÊNCIA EM EXPANSÃO DE ESSÊNCIA

Nunca permiti que minha escolaridade interferisse com minha educação.

– Mark Twain

Esta ideia pode nos parecer mais irônica do que verdadeira. Porém quantas pessoas não estão amargando hoje o desemprego justamente porque sua escolaridade interferiu com sua educação. Aprender algo, seja conhecimento técnico ou até mesmo uma habilidade qualquer, não compõe uma verdadeira educação. Há engenheiros e médicos que fizeram um enorme esforço de escolaridade mas não souberam se preparar para o mercado de trabalho. Este exige visão, capacidade de lidar com pessoas e com problemas, honestidade e outras qualidades que a escolaridade não provê. A ignorância não é composta apenas do que não se sabe, mas principalmente daquilo que se sabe equivocadamente.

MAL'HUT EM HESSED DE IESSOD
SEGURANÇA EM EXPANSÃO
DE ESSÊNCIA

Se você pensa que a educação custa muito caro, tente a ignorância para você ver.

Se por um lado a escolaridade não é a garantia de sustento, não se pode abrir mão dela. Num primeiro momento pode parecer-nos que, por não ser uma garantia de sucesso, é algo muito caro para se investir. No entanto, o custo de não se fazer este investimento é muito maior. Aliás, nesta questão de custos e de segurança, é fundamental saber investir. É melhor investir mesmo incorrendo em dívidas do que ter tudo pago em dia sem nenhum investimento. A história de todos os progressos e avanços, tanto de sociedades como de indivíduos, demonstra isso. Educar-se é uma aposta no futuro e, por mais que nossa vida aconteça no presente e este seja nossa única garantia, não se esqueça: é muito provável que você venha a viver muito mais tempo neste futuro do que no presente diante de si agora.

G'VURA DE IESSOD
INÍCIO DA SEMANA
LUA CRESCENTE

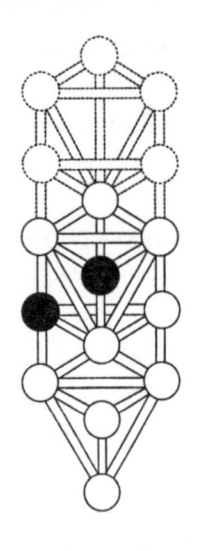

**HESSED EM G'VURA DE IESSOD
EXPANSÃO EM CONTRAÇÃO
DE ESSÊNCIA**

*Se você quer ser popular com as pessoas
peça muitos conselhos. Mas não faça
o que lhe dizem – apenas consulte-as.*

– Leo Rotstein

As pessoas adoram meter a colher. É algo que as faz mais torcedoras por nós do que quando jogamos sozinhos. Não há técnico de futebol mais impopular do que aquele que parece saber fazer tudo sem acolher os conselhos dos outros. Mesmo quando ele tem razão e é bem-sucedido isto não basta para fazer com que seja querido. Este passeio pela opinião alheia é uma receita importante para a nossa sociabilidade. No entanto, não paute a sua vida e suas ações por estes conselhos e opiniões. Saber descartá-los é tão fundamental quanto saber ouvi-los.

G'VURA EM G'VURA DE IESSOD
CONTRAÇÃO EM CONTRAÇÃO
DE ESSÊNCIA

A violência é o último refúgio do incompetente.

– Isaac Asimov

Dupla contração da essência se expressa pela tendência à violência. O ser humano aprendeu a controlar sua ira conseguindo relevá-la diante de valores maiores. Quando, no entanto, se vê desvalorizado no que lhe é mais essencial, defronta-se com um impulso de natureza primitiva. Uma força urge de seu interior e, como ato reflexo, lhe faz desferir golpes. Toda vez que o somatório das emoções do momento deixar um ser humano encurralado na condição de um incompetente, ou de um inútil ou de um impotente, ele se comportará com violência. Preste atenção a todos os seus atos de violência pois são um importante registro de suas incompetências.

TIFERET EM G'VURA DE IESSOD
EQUILÍBRIO EM CONTRAÇÃO
DE ESSÊNCIA

O preconceito, por não ser
fundamentado na razão, não
pode ser removido com argumentos.

– S. Johnson

É realmente uma perda de tempo tentar argumentar com alguém que nutre um preconceito. A própria palavra diz: é um pré-conceito. Ele existe antes de que se forme um verdadeiro conceito. Em realidade o lugar onde o vírus do preconceito se aloja não é na razão. Ele se implanta nos sentimentos e nos interesses. Em qualquer um dos casos se manipula a realidade para dar conta de objetivos previamente existentes e que determinam uma vontade de ver as coisas de um certo jeito. Todo preconceito revela mais sobre quem o tem do que sobre sua vítima.

NETSAH EM G'VURA DE IESSOD
PERMANÊNCIA EM CONTRAÇÃO
DE ESSÊNCIA

Para aqueles que não pensam,
é melhor que pelo menos revejam
seus preconceitos de tanto em tanto.

– L. Burbank

O preconceito é um mecanismo para ocultar sentimentos de quem o nutre. Já que no momento atual tornou-se tão difícil abraçar novas causas e ideologias, talvez valha a pena fazer um inventário das que já temos armazenadas em nós. O preconceito, como um vírus de computador, atrapalha o bom funcionamento de nossa reflexão. Removê-lo ou qualificá-lo de forma diferente pode produzir melhoria na qualidade da vida e da saúde. Faça este exercício de tempos em tempos: construa uma lista mental das coisas em que você acredita *a priori* e medite sobre elas. Desmascarar uma de suas compreensões preconceituosas pode ser em si uma fantástica causa.

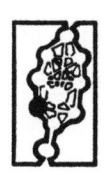

HOD EM G'VURA DE IESSOD
REFINAMENTO EM CONTRAÇÃO
DE ESSÊNCIA

Duas coisas reduzem o preconceito: educação e risadas.

– L. Peter

A informação, diferente da argumentação, pode promover a redução dos preconceitos. Mais do que isto, conhecer o gênero humano e saber que a diabolização dos outros é um processo corriqueiro da psique humana desmascara preconceitos. Já a risada tem uma função bastante importante. É muitas vezes em nome dela, na forma de piadas, que o preconceito ganha mundo. Não sou a favor do fim das piadas de forma repressiva. Contar piadas de rabinos e de judeus, por exemplo, acabam expondo o ridículo de apontar-se fraquezas humanas como se existentes num só grupo. Esta prática de exorcismo busca esconder o quanto da caricatura que fazemos do outro é um bom retrato de nós mesmos.

IESSOD EM G'VURA DE IESSOD
ESSÊNCIA EM CONTRAÇÃO
DE ESSÊNCIA

A razão pela qual a preocupação mata
mais pessoas que o trabalho é que mais
pessoas se preocupam do que trabalham.

– Robert Frost

Uma das maiores enfermidades de nossos tempos é a preocupação. Nesta palavra há o prefixo *pre-*. Quem se ocupa previamente de algo deve estar deixando de fazer alguma coisa própria deste tempo. É provável que a razão do alastramento epidêmico da preocupação em nossos tempos tenha a ver com o mundo de incertezas em que vivemos. A insegurança faz com que queiramos antecipar situações para poder controlá-las. Porém, a energia mundial desperdiçada em preocupação é fantástica. Se ela fosse utilizada em trabalho – que produz um efeito construtivo na vida – teria um resultado de controle bastante maior que a preocupação. O ínfimo que controlamos em nossas vidas é produto de nosso trabalho.

MAL'HUT EM G'VURA DE IESSOD
SEGURANÇA EM CONTRAÇÃO
DE ESSÊNCIA

D'us me deu um cérebro tão privilegiado que em um minuto posso me preocupar mais do que outros em um ano.

– S. Aleichem

Um dos efeitos colaterais mais graves do intelecto é a capacidade de antecipar situações. Quanto mais enxergamos mais podemos antever. Porém, antever não significa apenas conhecer os possíveis eventos do futuro, significa entendê-los em seu tempo. O que vai acontecer é muito distinto do que imaginamos que possa acontecer. A única preocupação importante é aquela que gera em nós uma atitude que modifica cursos e propõe novas possibilidades para nosso futuro. A arte de se preocupar sem que sejamos mobilizados a agir é um de nossos maiores desperdícios. Muito cuidado com sua mente privilegiada. Por conta de alguns poucos e insignificantes sucessos alcançados por sua preocupação, você pode estar gastando em um minuto o que poderia ser a soma total de seu estresse em um ano.

TIFERET DE IESSOD
INÍCIO DA SEMANA
LUA CHEIA

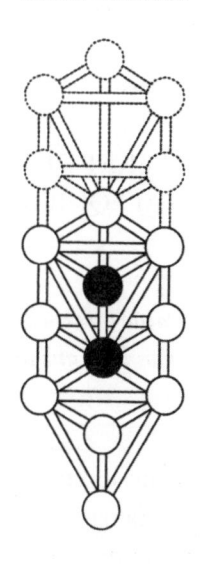

HESSED EM TIFERET DE IESSOD
EXPANSÃO EM EQUILÍBRIO
DE ESSÊNCIA

D'us disse: Deves ensinar como eu te ensinei, sem cobrar por isto.

– Talmud

O ato de doar ensinamentos ao mundo é mais do que uma recomendação – é uma obrigação. A consciência é uma graça divina e, portanto, seu produto não nos pertence, ele é emprestado. Tal como a terra não pertence ao latifundiário, também o conhecimento não deve ser propriedade de quem o detém. O crime do acúmulo da sabedoria que não é compartilhada é tão grave como o de alimentos armazenados diante da miséria e da fome. Infelizmente, fazemos isto mais frequentemente do que imaginamos. Se alguém nos pergunta onde fica um dado local não basta dizer: "duas quadras à direita." A um filho diríamos: "Vai pelo outro lado que é mais seguro; evite atravessar em tal lugar pois ocorrem muitos acidentes..." e assim por diante. Retemos informação pois não entendemos que possuí-la nos faz responsáveis.

G'VURA EM TIFERET DE IESSOD
CONTRAÇÃO EM EQUILÍBRIO
DE ESSÊNCIA

A verdadeira educação é o resultado do que sobra depois que esquecemos tudo que nos ensinaram.

– Lord Halifax

A vida acontece no momento e cada situação é única. Não existem manuais de conduta, apenas valores que nos norteiam em cada situação. Toda vez que nos propomos a ensinar fazemos generalizações que são aproximações da realidade. Esta distorção que o ensino faz da realidade motiva o dito hassídico: "tudo que é ensinado a todos, subtrai um pouco do conhecimento de todos." Educar-se é, portanto, a habilidade de criticar nossa própria educação. Toda a educação depende do quanto foi capaz de formar indivíduos capazes de julgá-la e revê-la. Todos os livros, aulas e fórmulas que desapareceram de nossas mentes fazem pane de um incrível processo de seleção do que nos é fundamental. Sem reciclagem nossas mentes são um grande depósito de lixo. Infelizmente, para muitos, este é o seu uso.

TIFERET EM TIFERET DE IESSOD
EQUILÍBRIO EM EQUILÍBRIO
DE ESSÊNCIA

*Por não suportar ser um escravo,
não posso ser um senhor.*

– Haggada

O duplo equilíbrio da essência é saber compreender que o que queremos para nós é, na mesma proporção, o que devemos querer para o outro. Se não agimos assim, mais cedo ou mais tarde, seremos vítimas de violência semelhante à que impomos ao outro. Reconhecer a profunda incapacidade que temos de ser senhores de escravos porque nos repudia a ideia de sermos nós mesmos escravos é ainda um sonho. Porém, as ações autoritárias, repressivas e ditatoriais vêm se tornando insuportáveis à medida que lembramos da experiência de termos sido vítimas delas no passado. A cultura do futuro não irá mais produzir aquilo que não queremos para nós e viverá da memória de nosso tempo e do passado, quando o que mais fazíamos aos outros era o que não quereríamos para nós mesmos.

NETSAH EM TIFERET DE IESSOD
PERMANÊNCIA EM EQUILÍBRIO
DE ESSÊNCIA

Onde há muito movimento, há menos tempo.

Outro dia ouvi sobre um matuto do interior que foi consultado sobre o que ele achava da construção de uma indústria perto de seu vilarejo. Ele teria respondido: "O povo está todo feliz, mas eu não gosto, não. Vai trazer mais movimento, e onde tem muito movimento tem menos tempo!" Esta é uma lição importante para os grandes centros urbanos deste final de milênio. Nossas lojas de conveniência abertas 24 horas; bancos que funcionam 30 horas por dia; televisões que não encerram suas programações para todo o sempre; enfim, o agito de todo o dia tem-nos feito seres de grande carência de tempo. Se você quiser viver mais, agite menos. Se você quiser mais tempo, desacelere. Crie ciclos em sua vida e não a viva linearmente. A repetição dá mais tempo e enriquece mais do que experiências novas incessantemente.

HOD EM TIFERET DE IESSOD
REFINAMENTO EM EQUILÍBRIO DE ESSÊNCIA

A vida é breve demais para que a façamos pequena.

– Benjamin Disraeli

Um dos dramas da vida é que só conhecemos seu tamanho com o passar dela. Na juventude acreditamos ser a vida bastante maior do que na realidade é. Olhar para trás constatando tudo que já aconteceu e imaginar que temos uma vida maior do que o próprio passado pela frente produz uma sensação de infinito. Quando se chega, porém, a uma idade onde o que há para a frente é menor do que para trás, tomamos contato com a brevidade da vida. Só então começamos um desesperado movimento para não fazê-la pequena. Nos tornamos mais cuidadosos e seletivos e passamos a buscar valores transcendentes que nos sobrevivam. É realmente uma pena que tantos de nós tenhamos que carregar um passado tão cheio de coisas pequenas onde faltou a consciência da brevidade e da finitude.

IESSOD EM TIFERET DE IESSOD
ESSÊNCIA EM EQUILÍBRIO
DE ESSÊNCIA

Se você não sabe para onde vai,
qualquer caminho o leva para lá.
— Daniel Bell

Essa frase tem uma natureza reverberante: pode ser entendida de forma irônica ou sábia. Na ironia ela nos alerta que, se não nos propusermos projetos e estratégias, vamos acabar chegando ao lugar originalmente intencionado – nenhum ou qualquer um. Por outro lado, tentar projetar e controlar nosso caminho frustra o ser humano. A expectativa de chegar a algum lugar nos impõe uma tarefa que é desumana. (*Ética dos Ancestrais*, 2:21: "Não nos cabe dar conta da tarefa.") Saber apontar a vida para a direção que acreditamos, sem com isto criar a expectativa de chegar a qualquer lugar, é a melhor maneira de se chegar a algum lugar. Nosso itinerário não é determinado por nossa intenção, nem sequer por nossas ações. É a interação da vida com nossos planos que nos leva ao lugar que devemos ir.

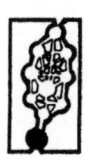

MAL'HUT EM TIFERET DE IESSOD
SEGURANÇA EM EQUILÍBRIO
DE ESSÊNCIA

Um banco é o lugar onde te emprestam
um guarda-chuva quando o tempo está bom
e te pedem de volta quando está chovendo.
— Mark Twain

Compreender os riscos presentes numa situação é uma obrigação de todo ser vivo. Na floresta cada vez que um animal se expõe numa clareira deve ter uma boa razão para fazê-lo.

O risco é um instrumento do sustento e da sobrevivência, porém não é permitido ingenuidade neste instante. Quem busca compaixão num banco é como uma zebra que vai pedir conselhos ao leão. O banco não esquece jamais que o seu jogo é de sobrevivência. Quem vem pedir emprestado, no entanto, muitas vezes cai na armadilha de esquecer que um empréstimo é uma venda. Um empréstimo bancário nunca é um favor. Se o risco compensar (e isto é sempre uma possibilidade, nunca uma certeza) tome emprestado. Faça porém com que o gerente lhe agradeça para que você entenda quem está fazendo favor a quem.

NETSAH DE IESSOD
INÍCIO DA SEMANA
LUA MINGUANTE

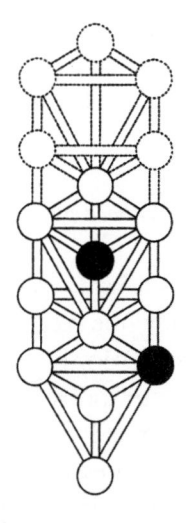

HESSED EM NETSAH DE IESSOD
EXPANSÃO EM PERMANÊNCIA
DE ESSÊNCIA

A única convicção que um ser humano deve ter é de que nada deve ser levado demasiadamente a sério.

– Samuel Butler

As maiores indigestões que a vida nos proporciona têm a ver com coisas que levamos a sério em demasia. Cultivar um pouco de ironia para saber sair dos momentos que levamos a sério demais é fundamental. Ninguém entraria em brigas, ninguém se acharia traído, ninguém sofreria grandes decepções e frustrações se soubesse encarar a vida com um pouco mais de graça. Se nos fosse dado conhecer tudo que pode dar errado em qualquer processo da vida, entenderíamos o quão ridícula é nossa decepção quando as coisas não são do jeito que esperávamos.

Não leve nada muito a sério, em particular a si mesmo. Quem se leva muito a sério tem um encontro marcado com o ridículo. O dramático deste encontro é reconhecer quantas oportunidades se perderam de darmos uma boa gargalhada.

G'VURA EM NETSAH DE IESSOD
CONTRAÇÃO EM PERMANÊNCIA
DE ESSÊNCIA

O amor é um doce sonho, o casamento um despertador.

Em permanência de essência estão as relações mais duradouras como a do amor. É verdade que o compromisso do casamento é uma contração desta condição. Ele é um despertador do sonho que a paixão produz em todos nós, mas isto não significa que o casamento é algo ruim. É verdade que o despertador é um dos instrumentos mais agressivos que o ser humano já inventou, mas tem lá sua utilidade. Isto porque o sonho é bom mas só até uma medida, seu excesso pode ser uma doença que gera grandes sofrimentos. Construir um dia a dia, uma rotina que seja boa e que possa ser vivida com prazer, diz muito sobre a experiência do despertador. Para quem faz sua vida prazerosa, o despertador não é tão ruim assim. O terror do casamento é que ele pode vir a simbolizar a chamada constante para vivermos uma vida que não queremos.

TIFERET EM NETSAH DE IESSOD
EQUILÍBRIO EM PERMANÊNCIA
DE ESSÊNCIA

Votos começam onde a esperança termina.
– Leonardo da Vinci

A fé é outro atributo da permanência de essência. A fé, diferente da crença, é um equilíbrio muito delicado entre desejar que as coisas sejam do jeito que a gente espera e aceitar que não sejam deste jeito. Ela é feita de esperança e de resignação ao mesmo tempo. Desta mistura surge a aceitação e a apreciação. Quando fazemos votos e promessas assumimos um ar piedoso e devocional, mas na verdade estamos rompendo com a fé. Todo voto condiciona certa atitude a certo resultado e rompe com o equilíbrio da fé que é composta da possibilidade de que as coisas não sejam do jeito que a gente quer, mas do jeito que devem ser. Toda promessa quer encontrar favor junto a D'us, num ato humano de suborno positivo. Na verdade, o voto é um sintoma de que, no desespero de preservar a esperança, está se abrindo mão da fé.

NETSAH EM NETSAH DE IESSOD
PERMANÊNCIA EM PERMANÊNCIA
DE ESSÊNCIA

Se você tem tempo, ninguém te respeita.

Um dos itens mais escassos da atualidade é o tempo. Criamos uma cultura onde o excesso de tempo é visto com maus olhos. Uma pessoa bem adaptada à vida moderna não pode ter tempo. Quem tem tempo é um desajustado, um possível delinquente. Respeitamos muito os amigos que não têm tempo. Eles são os mais disputados e parecem ser os mais interessantes. Isto acontece porque associamos falta de tempo a status. Quanto menos tempo tem alguém, mais importante esta pessoa deve ser. Vale a pena revisar este conceito. Talvez as pessoas que mais tenham a nos ensinar e nos oferecer neste mundo sejam aquelas que têm muito tempo. Olhe à sua volta e, sem roubar todo o tempo destas pessoas, fique perto de quem tem tempo. Quando você procurar alguém que não tem tempo para você, fique em paz, pois não era exatamente ele que você procurava.

HOD EM NETSAH DE IESSOD
REFINAMENTO EM PERMANÊNCIA DE ESSÊNCIA

Fecho os meus olhos para que possa ver!
– Paul Gauguin

A realidade nos ensina através da experiência. Olhamos o mundo à nossa volta e reparamos como ele reage e interage conosco. Há porém momentos quando é melhor fechar os olhos. Este refinamento compreende que o mundo externo que nos ensina também nos ilude. Saber que enxergar melhor requer que se feche os olhos é essencial. Uma das formas mais empobrecidas de vida é a daqueles que aprendem muito da experiência da vida, mas não conseguem desenvolver um olhar de olhos fechados. Para estes só o que se vê determina a realidade, e esta passa a ter o seu tamanho. A realidade não tem o nosso tamanho, ela não está limitada por nenhuma de nossas limitações.

IESSOD EM NETSAH DE IESSOD
ESSÊNCIA EM PERMANÊNCIA DE ESSÊNCIA

Uma das melhores maneiras de convencer os outros é com seus ouvidos – pela escuta do que têm a dizer.
– Dean Rusk

Ouvir traduz esta dupla ocorrência da essência. Nada é mais convincente do que o ouvir. Esta é uma importante dica para aqueles que se dedicam ao convencimento. Parem de trazer suas verdades! Quanto mais um indivíduo fala, menos ele convence. As pessoas sensíveis sabem que quem tem verdadeiramente algo a dizer o faz com a sua escuta. O mundo do futuro está repleto desta descoberta. *Shemá* – a escuta – é o direcionamento dos céus para um mundo melhor. O discurso encobre, a escuta revela. Muito em breve as campanhas eleitorais não serão de promessas, mas de demonstração de escuta. Quem trouxer a seu programa eleitoral as melhores questões, ao invés das melhores soluções, será a melhor candidatura. Temos que eleger mais gente da escuta do que gente da fala.

MAL'HUT EM NETSAH DE IESSOD
SEGURANÇA EM PERMANÊNCIA DE ESSÊNCIA

O que existe de pior no sucesso é que você tem que continuar sendo um sucesso.

– Irving Berlin

Tanto o sucesso como a felicidade não são condições a serem conquistadas. O sucesso é um estado momentâneo. Quem se enxerga como um sucesso vai gastar muita energia tentando preservar esta condição. Ao fazer isto, muitas vezes acaba perdendo o que de mais maravilhoso existe no sucesso – uma sensação de paz e de missão cumprida. A maioria dos bem-sucedidos perdem esta paz de espírito justamente porque se apegam ao sucesso e têm que prosseguir maquinando como preservá-lo. Nunca faça do sucesso o seu alvo. O sucesso é um efeito colateral da luta e do trabalho na vida. Se o seu ideal for voltado para aquilo que você acredita, a vida irá brindá-lo muitas vezes com a sensação de sucesso. Faça bom uso dele, mas não venda a sua paz pelo prazer que ele lhe proporcionou. A maioria dos suicidas são pessoas que já viveram o sucesso, certamente de maneira errada.

HOD DE IESSOD
INÍCIO DA SEMANA
LUA NOVA

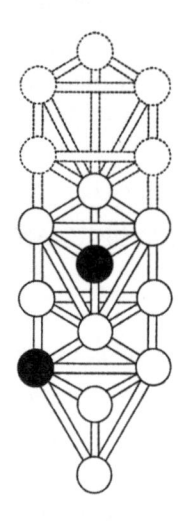

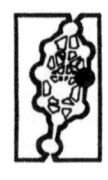

**HESSED EM HOD DE IESSOD
EXPANSÃO EM REFINAMENTO
DE ESSÊNCIA**

A caridade começa em casa, mas não deve terminar nela.

A compaixão é um sentimento indomesticável. Toda vez que queremos direcioná-la para alguns, deixando outros de fora, ela azeda e se deteriora. Na verdade, o carinho expresso apenas para alguns estabelece uma relação que chamamos de mafiosa. É uma forma de perversão que dificilmente reconhecemos por acreditarmos que a compaixão é um valor absoluto. Uma mãe que privilegia com mais amor um filho do que outro gera violências que se arrastam por gerações. Quando damos tudo a nossos filhos e fingimos que não vemos crianças abandonadas nas ruas, compactuamos com violências que também se reproduzirão por gerações. Por mais estranho que nos pareça é melhor ter um coração enrijecido do que eleger apenas um grupo para a nossa compaixão. Quem não ama ninguém é mais fácil de ser despertado do que quem ama apenas os seus.

G'VURA EM HOD DE IESSOD
CONTRAÇÃO EM REFINAMENTO
DE ESSÊNCIA

Se você rouba de um autor é plágio,
se você rouba de muitos é pesquisa.
– Wilson Mizner

Tudo o que criamos é de certa forma uma parceria com o mundo. É presunçoso não reconhecer que nosso trabalho é sempre o produto de exemplos e ideias que nos moldaram. "Não há nada de novo sob o sol", nos diz o Eclesiastes chamando atenção para o fato de que no passado outras gerações já viveram alegrias e angústias com tanta intensidade e sofisticação como as que podemos viver. Se tentamos esconder este fato nos tornamos plagiadores e perdemos o mérito de nosso trabalho. Se, ao contrário, estamos conscientes deste fato, então nossos esforços deixam de ser uma conduta ardilosa e dissimulada e ganham mérito. Pedindo licença, a vida abre suas portas e nos oferece seu banquete. Quando agimos de forma sorrateira, no entanto, suas portas se fecham e nos sentimos impróprios e ilegítimos.

TIFERET EM HOD DE IESSOD
EQUILÍBRIO EM REFINAMENTO
DE ESSÊNCIA

Quando você vai no vizinho, descobre
o que está acontecendo em casa!

É bastante comum sermos traídos por certezas que nos impedem de questionar nossas próprias opiniões. Quanto mais desenvolvemos a capacidade de averiguar outras formas de enxergar as coisas, quanto mais ouvimos os outros com atenção, maior a nossa capacidade de compreender o que está acontecendo em casa. É claro que não devemos viver a vida preocupados com o que os outros pensam. Mas devemos estar atentos ao que o mundo externo pode nos ensinar. Quando você for ao vizinho, não tenha medo de enfrentar o que ele tem a lhe dizer. Só aqueles que vivem presos exclusivamente à sua compreensão do mundo têm razão para temer o que o vizinho sabe.

NETSAH EM HOD DE IESSOD
PERMANÊNCIA EM REFINAMENTO
DE ESSÊNCIA

Com fé não há perguntas, sem fé não há respostas.
– Chofets Chaim

A vida não funciona sem fé. Os animais a possuem como parte integrada a seu sistema instintivo. O ser humano, por sua vez, a experimenta através da razão e da consciência. Com fé não há perguntas que terminem num beco sem saída, ou seja, em depressão e em desesperança. E, sem fé, nenhuma resposta possível faz sentido. Muitas vezes a fé é acusada de suprimir a capacidade crítica dos indivíduos: eles ficam sem perguntas. Mas a fé verdadeira não implica abandonar a luta pela vida, ou a busca incessante por aperfeiçoamento. Assim sendo, quem tem fé deve fazer perguntas. Estas, no entanto, não questionam sobre as razões da vida, mas sobre a vida em si.

HOD EM HOD DE IESSOD
REFINAMENTO EM REFINAMENTO DE ESSÊNCIA

O início da sabedoria é desejá-la.
– Ibn Gabirol

Desejar a sabedoria não é algo fácil. Significa estar pronto a derrubar preconceitos, ir contra nossos próprios interesses imediatos e aceitar humildemente nossas limitações. O mundo moderno tem feito as pessoas conhecerem este desejo profundo através do mundo emocional. A psicanálise tem nos ensinado que, para entender definitivamente algo de nossas vidas, temos que primeiro vencer as barreiras que nos impedem de querer isto. Trata-se de ativar um querer profundo. Todos queremos a paz ou todos queremos amor, mas na verdade queremos de forma superficial. Só quando verdadeiramente queremos algo podemos fazer frente ao difícil desafio de vencer nossos quereres superficiais.

IESSOD EM HOD DE IESSOD
ESSÊNCIA EM REFINAMENTO DE ESSÊNCIA

Vivo em constante temor de que me torne tão sábio que não possa continuar piedoso.
– Kotsker Rebbe

Um dos refinamentos mais sofisticados é o de sabermos quando parar. Isto vale para qualquer coisa na vida. Tudo, por mais positivo que possa nos parecer, quando em demasia, acarreta problemas. Quão sábio devemos ser? A busca constante e permanente pelo saber nem sempre é o melhor caminho. Há momentos onde ser sábio é abrir mão da sabedoria. Isto porque o saber pode, além de iludir, tornar-nos cínicos. A sabedoria dificulta a apreciação do que é singelo, do que é repetitivo, do que é comum e do que é popular. A sabedoria pode fazer com que amemos menos aos outros por esperarmos deles a mesma sofisticação que alcançamos. Saber quando não saber é a ferramenta mais importante do sábio.

MAL'HUT EM HOD DE IESSOD
SEGURANÇA EM REFINAMENTO
DE ESSÊNCIA

*A consciência é uma voz interna que
nos alerta que alguém pode estar olhando.*
– H. Mencken

Sozinha a consciência humana não é um instrumento confiável para o aperfeiçoamento. Muitas vezes ela se nutre apenas da pressão social, e agimos por medo do mundo externo ou do que dele introjetamos. Somos bons na maioria das vezes porque os outros estão olhando. E quando não estão, porque poderiam estar olhando e não gostaríamos que descobrissem o que vai por nosso coração e desejo. Como não é possível através da consciência desvencilhar-se da assombração de que estão nos olhando, necessitamos de um outro instrumento – a ação. Através de nossas ações nos expomos ao nosso próprio olhar. Nesta condição, somos nós mesmos que estamos olhando e é deste nosso próprio olhar que podemos nos aperfeiçoar. Quando o olhar que vê não é o do outro, mas o nosso, é que a verdadeira consciência se faz.

IESSOD DE IESSOD
INÍCIO DA SEMANA
LUA CRESCENTE

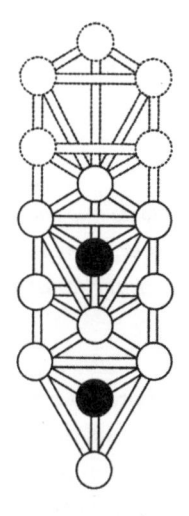

HESSED EM IESSOD DE IESSOD
EXPANSÃO EM ESSÊNCIA
DE ESSÊNCIA

O que há de mais essencial neste mundo?
Aquilo que se esteja fazendo no momento.

– Rabino Mendel de Kotzk

A resposta do rabino de Kotzk é fundamental. O que há de mais importante neste mundo é aquilo que estamos fazendo no momento. Imaginem se nos entregássemos a cada momento da vida como se este fosse o mais importante de todos? A qualidade do que realizaríamos a cada momento seria fenomenal. Em momentos de afeto, nos entregaríamos totalmente a ele; em momentos de luta, não negaríamos qualquer esforço. Estar presente intensamente no momento em que ele se dá é o grande segredo da vida. Todos os nossos arrependimentos são compostos dos momentos em que não os consideramos como os mais importantes de todos. O que deixou de ser dito, feito, amado, brigado, xingado, perseguido ou sonhado é produto de todas as vezes em que o momento não foi percebido como a grande essência da vida.

G'VURA EM IESSOD DE IESSOD
CONTRAÇÃO EM ESSÊNCIA
DE ESSÊNCIA

Ninguém tem noção do que está fazendo quando age corretamente; mas daquilo que é errado temos sempre consciência.

– Goethe

No relato bíblico sobre o paraíso é explicado que a consciência se faz através do que realizamos de errado. O próprio paraíso é um lugar onde as pessoas não conhecem a nudez. Elas, portanto, não têm noção de si mesmas, o que só ocorre depois de provar do fruto e de realizar uma desobediência. Todo o processo de aperfeiçoamento humano depende do erro. Os nossos acertos não nos construíram tanto quanto os nossos erros. Foram eles que geraram a consciência que hoje temos. Não é à toa que, para os mestres, aquele que cometeu muitos delitos e equívocos em sua vida e se regenerou é mais justo do que aquele que sempre agiu de forma correta. É que o último fez o bem, mas não o conhece; o primeiro passou a fazê-lo com conhecimento.

TIFERET EM IESSOD DE IESSOD
EQUILÍBRIO EM ESSÊNCIA
DE ESSÊNCIA

A mais difícil tarefa de um líder não é fazer o que é certo, mas saber o que é certo.

– Lyndon Johnson

As decisões mais difíceis da vida são aquelas em que abrimos mão de fazer o que é certo, por sabermos o que é certo. Desafiar a opinião dos outros, romper com nossa cultura e fugir do convencional produzem a sensação de que não estamos agindo certo. Mas devemos bancar não agir certo por conta daquilo que achamos certo. Esta é a marca do líder que lhe exige antever, vários lances à frente, as consequências da atitude que está tomando. O líder dentro de nós é o impulso que aponta o caminho pelo qual nossas vidas devem trilhar. Este impulso é feito da coragem de buscar o que é melhor para nós. Pode-se optar por fazer coisas erradas aos olhos dos outros, ou abrir-se mão de algo que nos pareça importante no momento por conta de um bem maior.

NETSAH EM IESSOD DE IESSOD
PERMANÊNCIA EM ESSÊNCIA
DE ESSÊNCIA

Presente: é a parte da eternidade que separa o domínio do desapontamento do domínio da esperança.

– Ambrose Bierce

As possibilidades que os momentos da vida oferecem são tão maravilhosas que estamos fadados sempre a realizar menos do que seu potencial permite. Assim sendo, cada momento vivido é sempre um desapontamento frente ao que poderia ter sido. O futuro, por sua vez, renova as possibilidades de cada um destes momentos mal aproveitados que passam do presente ao passado. É a tentativa de controlar o tempo que nos condena a um processo que vai do desapontamento à esperança constantemente. E imperativo não permitirmos que este mecanismo se repita muitas vezes. A recorrência do desapontamento termina por eliminar a esperança.

HOD EM IESSOD DE IESSOD
REFINAMENTO EM ESSÊNCIA
DE ESSÊNCIA

*Se há amargura no coração, açúcar
na boca não fará a vida mais doce.*

Refinamento em dupla essência é compreender que o mundo externo depende do mundo interno. Se não há alegria no coração, por mais afortunada que seja a nossa vida não seremos felizes. O instrumento maior que temos para experimentar a vida é este coração, esta condição interna de viver. Portanto, antes de sair por aí construindo a sua vida do lado de fora, certifique-se de que você fez os necessários investimentos na sua vida de dentro. Criar solidez interna é aprender a fazer pouco uso dos açúcares da vida para adocicar o que, por natureza, já é doce. Quem se vicia em açúcar, além de estragar seu paladar pode tornar-se diabético de vida – por exagerar no doce, vê afastada de si toda e qualquer possibilidade de adocicar.

IESSOD EM IESSOD DE IESSOD
ESSÊNCIA EM ESSÊNCIA
DE ESSÊNCIA

*Uma galinha é somente a maneira que
um ovo tem de reproduzir um outro ovo.*
– Samuel Butler

Esta é a tríplice essência para a vida. Todo o fenômeno da vida, todos os nossos sentimentos, aspirações e realizações não são os fins, mas os meios. Isto nos é extremamente difícil de compreender – a vida não existe para nós, mas nós para a vida. Em outras palavras, entendemos a vida totalmente errada. Queremos entendê-la pela perspectiva na qual nós somos a razão da própria existência, quando somos os instrumentos dela. Se pudéssemos compreender a vida desta forma jamais encontraríamos o desespero. A morte não seria o desperdício maior, mas a missão cumprida. Esta é a diferença entre os mortais e D'us. D'us é a essência que se percebe como um meio, diferente do mortal que se percebe como um fim. Daí a essência de um ser "o que foi, o que é e o que será" e a do outro ser apenas o que "é".

MAL'HUT EM IESSOD DE IESSOD
SEGURANÇA EM ESSÊNCIA
DE ESSÊNCIA

Planeje para este mundo como se você fosse viver para sempre, porém planeje para o mundo vindouro como se você fosse morrer amanhã.

– Ibn Gabirol

Esta formula é extremamente precisa. Viver a vida neste mundo é conhecer a alegria de apostar como se fôssemos eternos. Sem medo de viver o dia a dia, devemos estar sempre sonhando para a frente e fazendo planos. Possuir projetos para daqui a dez anos não é uma presunção de quem se acha dono de um tempo que não controla se, por outro lado, a vida é vivida como se não se tivesse tempo algum. Fazer o que é obrigatório agora porque ninguém é dono do próximo momento é o sentimento que permite fazer planos para o futuro longínquo. A arte de fazer ambos os sentimentos aflorarem com intensidade é a fórmula da felicidade. Através do "viver para sempre" nos permitimos o prazer. Através do "morrer amanhã" criamos em nós a responsabilidade. Feliz de quem sabe dosar prazer e responsabilidade.

MAL'HUT DE IESSOD
INÍCIO DA SEMANA
LUA CHEIA

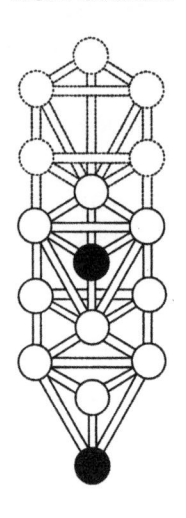

HESSED EM MAL'HUT DE IESSOD
EXPANSÃO EM SEGURANÇA
DE ESSÊNCIA

Conviver com a consciência é como dirigir um carro com o freio puxado.

– Budd Schulberg

Expansão e segurança podem parecer incompatíveis. Crescer gera riscos e quem se prende à segurança muitas vezes não consegue crescer. Temos que ter profundo cuidado para não fazer de um instrumento tão importante como o freio uma impossibilidade ao movimento. A consciência é um freio que nos permite, com alguma segurança, alçar voos e imprimir velocidades que são perigosas. Sem ela estas velocidades podem ser fatais. No entanto, é fundamental sabermos usar o freio. Realmente, com o freio acionado, inviabilizamos qualquer movimento justamente por conta daquilo que foi criado para permiti-lo. Não faça da segurança um empecilho à sua jornada, saiba quando largar mão dela para poder usá-la num momento em que seja imprescindível.

G'VURA EM MAL'HUT DE IESSOD
CONTRAÇÃO EM SEGURANÇA
DE ESSÊNCIA

Ninguém fica completamente infeliz com o fracasso de seu melhor amigo.

– Groucho Marx

Temos o triste hábito de olhar para as pessoas mais próximas a nós para delas extrair segurança. Se nossos amigos vão mal nos sentimos bem-aventurados com o que temos. Se, por sua vez, nossos amigos estão bem, começamos a nos questionar sobre nossa sorte. Derivar segurança deste tipo de sentimento é algo bastante perigoso, pois nos tornamos viciados nesta prática. Vamos então perdendo a capacidade de gerar segurança e satisfação para nós mesmos e nos tornamos dependentes do que acontece com os outros. Quem depende apenas do destino do outro traz para si muita insegurança.

TIFERET EM MAL'HUT DE IESSOD
EQUILÍBRIO EM SEGURANÇA
DE ESSÊNCIA

A pior forma de desigualdade é tentar fazer coisas desiguais iguais.

– Aristóteles

Aí está a milenar proposta que derrubou o comunismo. A intolerância de querer por força igualar o desigual mostrou-se ser uma das mais violentas formas de autoritarismo. No texto bíblico também este conceito está presente na frase "Justiça, justiça, perseguirás". Por que a repetição de "justiça"? Para enfatizar que justiça só com justiça se poderá fazer. Seria simples se com injustiça conseguíssemos equilibrar a justiça. Bastaria sermos injustos com os injustos para obter-se o resultado desejado. Porém não é assim, a justiça é uma multiplicação e não uma soma. Na soma invertendo o sinal podemos chegar ao equilíbrio – ao zero [ex.: 2 + (-2) = 0]. Na multiplicação sinais invertidos produzem sempre valores negativos [2 x (-2) = (-4)]. Justiça com injustiça é sempre injustiça.

NETSAH EM MAL'HUT DE IESSOD
PERMANÊNCIA EM SEGURANÇA
DE ESSÊNCIA

*A única coisa que a experiência ensina
é que a experiência não ensina nada.*

– André Maurois

A primeira sensação que temos com a experiência é de que ela nos fornece instrumentos para entender e predizer o mundo. Num segundo momento, quando aprofundamos a própria experiência descobrimos justamente o contrário. Sabemos tão pouco e a vida nos surpreende constantemente. É um aprendizado muito importante assumir com humildade que não sabemos das coisas de antemão. Quem trabalha com gente conhece este sentimento. Por vezes, você vê diante de você indivíduos que se encaixam em algum modelo de comportamento já conhecido e mapeado. Quão sagrada é a descoberta de que estamos errados e que, por mais semelhante que seja o próximo, todo indivíduo é único. Quem já viu de tudo neste mundo reverencia a vida por tudo aquilo que ainda não viu.

HOD EM MAL'HUT DE IESSOD
REFINAMENTO EM SEGURANÇA
DE ESSÊNCIA

Este é o derradeiro teste para um cavalheiro: seu respeito por aquele que não lhe pode ser de préstimo algum.

– William Phelps

As relações no mundo de hoje são extremamente utilitárias. Se o outro não me serve para alcançar objetivos direta ou indiretamente, então por que investir nesta relação? Grande é o mérito de quem respeita um indivíduo que não detém qualquer poder e o trata com deferência. Este refinamento constrói muitas amizades e admiração. Quando evitamos alguém porque não conseguimos ver de que maneira esta pessoa pode ser de uso para nós, a estamos matando social e afetivamente. Quem vive num mundo utilitário estará para sempre fadado a ser usado. Mais do que isto, no dia em que não puder ser usado para qualquer serviço se tornará transparente ao olhar e ao interesse dos outros.

IESSOD EM MAL'HUT DE IESSOD
ESSÊNCIA EM SEGURANÇA
DE ESSÊNCIA

O desespero é a conclusão dos tolos.

– Benjamin Disraeli

O desespero é a perda da espera ou da esperança. E o desespero é uma conclusão. Ele se baseia na compreensão humana dos desígnios da vida. Mas quem somos nós para compreender e tirar conclusões tão absolutas? Há no desespero uma arrogância que só tem par com a esperança do fanático triunfalista. Toda conclusão a respeito da vida significa o encerramento do processo de questionamento e busca. Quem em vida interrompe este processo é um tolo. Cada momento da vida nos revela ângulos que não temos como perceber em outro instante. A esperança, espera. E esta é a conduta correta: deixar em aberto mesmo quando a perplexidade ou a violência da vida nos empurra para conclusões.

MAL'HUT EM MAL'HUT DE IESSOD
SEGURANÇA EM SEGURANÇA
DE ESSÊNCIA

O dinheiro é a força mais igualitária na sociedade. Ele confere poder a quem quer que o tenha.

– Roger Starr

O dinheiro rompe barreiras e quase sempre olhamos isto com desdém. Dizemos com ironia: o sujeito tem dinheiro e por isto fala bem e é bonito. Mas a verdade é que todos nós temos algo a dizer e todos nós somos de alguma forma e de algum ângulo bonitos. O dinheiro coloca o indivíduo sob um holofote que todo ser humano deveria estar. Esta é a ironia: não a valorização do rico, mas nosso descaso com o ser humano comum. Há de chegar o dia em que outras forças na sociedade terão este poder de nos fazer ver o outro por lentes de maior favor e amor. Forças como a da inteligência, do humor, da humildade, da doçura e de tantos outros predicados humanos. Hoje, só a morte nos iguala tanto.

MÊS ABSOLUTO
MAL'HUT

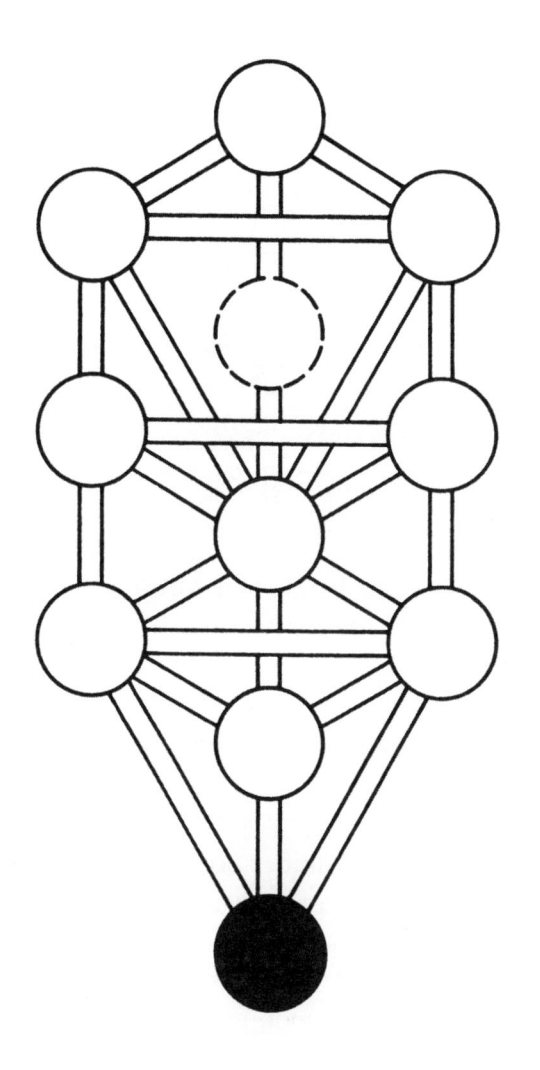

HESSED DE MAL'HUT
INÍCIO DA SEMANA
LUA MINGUANTE

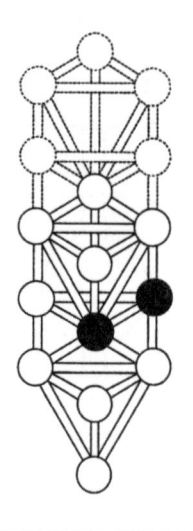

HESSED EM HESSED DE MAL'HUT
EXPANSÃO EM EXPANSÃO
DE SEGURANÇA

Um dólar economizado são vinte e cinco centavos ganhos.

– Oscar Levant

A dupla expansão na segurança nos fala sobre a volatilidade da riqueza. A economia, tão apregoada pela fábula da cigarra e da formiga, deve ser estudada com muito cuidado. Guardar nunca realiza o total potencial da vida. Tudo que guardamos estará a nosso dispor no futuro quando precisarmos – mas apenas na medida simbólica de 1/4 do que se possuiu potencialmente. Essa é uma regra da vida, pois esta foi feita para ser vivida e não estocada ou economizada. O futuro não é o monstro agressivo que nossa insegurança quer nos fazer crer. Guarde de forma sábia, mas saiba também aproveitar esta vida agora e não em sua aposentadoria. O que você tem agora é quatro vezes mais do que você obterá em qualquer outro momento a partir deste.

G'VURA EM HESSED DE MAL'HUT
CONTRAÇÃO EM EXPANSÃO
DE SEGURANÇA

Viúvas ricas: o único artigo de segunda mão que se vende a preço de primeira.

– Benjamin Franklin

Uma das formas contritas de buscar expansão de nossa segurança é "casar com uma viúva rica". Este conceito sugere o desejo de uma rápida ascensão econômica. Ressaltando obviamente o aspecto caricato e preconceituoso desta imagem, ela talvez nos apresente um importante ensinamento. Todo ganho rápido traz também os efeitos colaterais de casar-se com uma viúva rica. Em primeiro lugar, existe o custo embutido em valorizar-se algo de segunda mão como se fosse de primeira. Há perdas nesta supervalorização. Mais do que isto, este conceito não fala de casar-se com uma mulher rica. Uma viúva rica é alguém que já "enterrou um" e que permaneceu com tudo. Há grande relação entre as fortunas rápidas e fáceis e o infortúnio.

TIFERET EM HESSED DE MAL'HUT
EQUILÍBRIO EM EXPANSÃO
DE SEGURANÇA

É uma espécie de esnobismo espiritual que faz com que as pessoas pensem que podem ser felizes sem dinheiro.

– Albert Camus

Dinheiro e felicidade não são sinônimos. Mas definitivamente não precisam ser antônimos. O dinheiro é apenas uma medida de sustento. É claro que tudo em demasia se torna destrutivo e insalubre. Mas uma forma de equilíbrio em relação à segurança é não sermos presas fáceis de slogans e propaganda espiritual barata. Quando a pobreza é um bom caminho para o reino dos céus para os outros mas não para o sacerdote... há algo de estranho. Esnobar o sustento é como esnobar qualquer outra dimensão da vida como a sexualidade, o lazer, o aprendizado e assim por diante. A gente pode ser feliz sem um monte de coisas mas não precisa "não ter" para ser feliz. É esta inversão que é maliciosa.

NETSAH EM HESSED DE MAL'HUT
PERMANÊNCIA EM EXPANSÃO
DE SEGURANÇA

Se ao emprestar dinheiro para alguém esta pessoa passa a evitá-lo, terá sido barato o custo de livrar-se dela.

– Ditado ídiche

Se há algo que temos dificuldade de contabilizar são os verdadeiros custos. Quantas vezes na vida para não gastar algo acabamos gastando muito? Saber reconhecer os pequenos custos que nos evitam os grandes não apenas faz bem para nossa economia como também nos ajuda a melhor usufruir da vida. Na tradição judaica, quando quebramos inadvertidamente um prato ou copo, mais que rapidamente dizemos: "sinal de sorte!" Por que sorte? Afinal acabamos de ter um pequeno acidente! Mas é por ser de proporções pequenas que ele nos permite talvez evitar outros maiores. É melhor perceber que andamos desatentos com um copo do que com um carro. Todo custo pode ser um custo positivo e benéfico se sabemos tirar dele as conclusões mais importantes. Fique atento a seus gastos e eles lhe serão investimentos!

HOD EM HESSED DE MAL'HUT
REFINAMENTO EM EXPANSÃO DE SEGURANÇA

Já seria de grande ajuda se os pobres pudessem receber 1/5 do que é gasto em projetos que estudam como ajudá-los.

Este é um princípio genérico do desperdício: se pudéssemos utilizar para nossas prioridades de vida 1/5 dos recursos que gastamos nos preocupando com elas, estaríamos em outro patamar. Um dos grandes refinamentos em expandir segurança está em saber investir diretamente para a melhoria da qualidade de vida. Não são poucas as vezes em que despendemos energia e recursos para obter o que já poderíamos usufruir agora. Trabalhamos muito para não termos que trabalhar, deixamos de passar tempo com pessoas queridas para garantir que tenhamos tempo para passar com elas no futuro e assim por diante. Racionalizar recursos pode ser importante, mas devemos tomar muito cuidado para que isto não signifique desperdício. Diz o Talmud: "não diga 'farei amanhã quando tiver chance' pois você poderá nunca ter essa chance."

IESSOD EM HESSED DE MAL'HUT
ESSÊNCIA EM EXPANSÃO DE SEGURANÇA

O dinheiro pode não comprar a felicidade, mas a pobreza também não.

– L. Rosten

A melhoria da qualidade de vida não deve ser banalizada com frases de efeito. É claro que é fundamental compreender que não controlamos nossas vidas e que qualquer medida humana de poder não dá conta da realidade. No entanto, a luta pela melhor qualidade de vida, um "voto de riqueza" para toda a humanidade ou para tudo que é vivo é uma obrigação. Comida, teto, saúde, educação, proteção, disponibilidade de tempo para si e para os seus, lazer e exercício, afinal de contas, não são bens menores. Onde a pobreza é uma ideologia não só a saúde e a esperança diminuem, como a felicidade dá lugar ao sofrimento e a fé ao cinismo. Cuidado, o materialismo pode ser cultuado com ideias espirituais.

MAL'HUT EM HESSED DE MAL'HUT
SEGURANÇA EM EXPANSÃO
DE SEGURANÇA

Os pobres se beneficiam mais dos luxos dos ricos do que de sua filantropia.

– Talmud

É impressionante o que somos capazes de gastar com luxos e supérfluos mas não conseguimos fazer em termos de solidariedade humana. Às vezes, esta atitude demonstra egoísmo e grande apego. Porém, também pode representar o ressentimento cultivado por conta da vida que levamos. Para muitas pessoas o ato de fazer dinheiro exige tanto sacrifício de sonhos pessoais e de pequenos detalhes fundamentais da vida que se tornam amarguradas com suas posses. São capazes de gastar fortunas para tentar satisfazer algum desejo que compense todos os sacrifícios realizados para ganhar dinheiro. Por esta razão não conseguem abrir a mão para a solidariedade. Na verdade, não conseguem enxergar nenhum maior carente, por mais miserável, além de si próprios.

G'VURA DE MAL'HUT
INÍCIO DA SEMANA
LUA NOVA

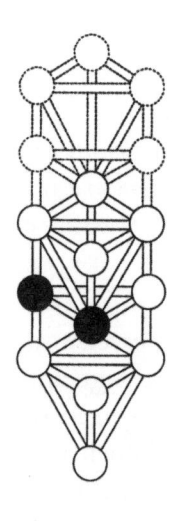

**HESSED EM G'VURA DE MAL'HUT
EXPANSÃO EM CONTRAÇÃO
DE SEGURANÇA**

*A competição obtém o melhor
dos produtos e o pior das pessoas.*

– David Sarnoff

Competir traz grandes benefícios e avanços concretos. Não há competição mais radical do que as guerras e elas trouxeram inúmeros avanços à ciência. O que foi criado com intuito bélico transformou-se em tecnologia de entretenimento, de saúde ou transporte. Há, no entanto, um terrível custo na competição – ela produz, junto com o progresso, o pior das pessoas. A competição estimula formas predadoras de tratar a vida. Quem sabe podemos aceitar produtos que não sejam os melhores se com isto gerarmos o que não é pior nas pessoas? Quem sabe a vida fica de melhor qualidade com produtos um pouco menos sofisticados e relações humanas mais saudáveis?

G'VURA EM G'VURA DE MAL'HUT
CONTRAÇÃO EM CONTRAÇÃO
DE SEGURANÇA

Para ser esperto o suficiente para ganhar dinheiro, alguém deve ser suficientemente estúpido para querê-lo.
– G. K. Chesterton

Uma das questões mais perversas do dinheiro é que ele só é obtido por aqueles que o perseguem. É verdade que ganhadores de loteria e outros tipos podem encontrar petróleo ou tesouros. Mas, via de regra, ganha dinheiro quem deseja profundamente ganhar dinheiro. É óbvio que não estamos falando do querer simples, ou seja, de termos desejos de usufruir de dinheiro para nossas necessidades e nossos projetos. Quem verdadeiramente ganha dinheiro tem questões muito sérias para desejá-lo. São muitas vezes perseguidos que precisam se afirmar com seu poder, muitas vezes pessoas que se sentem inferiorizadas e que só conseguem manter sua autoestima à base de sua riqueza. São em geral pessoas muito inseguras. Este dinheiro, que não é de sustento mas de acúmulo, só consegue produzir quem tem uma razão muito infeliz para querê-lo.

TIFERET EM G'VURA DE MAL'HUT
EQUILÍBRIO EM CONTRAÇÃO
DE SEGURANÇA

Uma má paz é melhor do que uma boa guerra.

A crença de que uma boa guerra é melhor do que uma má paz surge quando avaliamos a realidade antes da guerra. Após qualquer guerra, no entanto, quando podemos contabilizar as perdas, compreendemos o contrário. Isto é valido para guerras coletivas e guerras particulares. Acreditamos muitas vezes que entrar em conflito é mais honesto e correto do que uma má paz. Mas não é verdade. O único conflito que se prova construtivo é o que promove crescimento. São as controvérsias que permitem rever posições e entendimentos. Mas nenhuma guerra, nenhuma tentativa de impor a verdade ou a justiça, consegue o que uma paz mal resolvida – a discórdia – consegue.

NETSAH EM G'VURA DE MAL'HUT
PERMANÊNCIA EM CONTRAÇÃO
DE SEGURANÇA

A comida é feita na panela,
mas o prato ganha as honras.

Uma das áreas de contração da segurança são as crises de realização. Mais comum nos homens na faixa dos 40 aos 50, é frequente o questionamento de se estamos fazendo uso pleno de nossa capacitação ou se somos um desperdício. Não são poucos os homens que tentam pulos do gato nesta idade ou que mudam de profissão e, também, não são poucos os que se dão mal. Começar a enxergar a segunda metade da vida produz este sentimento. Toda tranquilidade neste momento é bem-vinda. Saiba que neste mundo o que menos existe é reconhecimento – mesmo o Criador dele carece. Somos todos potencialmente fantásticos e muito do que realmente se faz é feito nos bastidores, pela panela. Os jornais, a mídia, o rico, o famoso e o respeitado nada mais são do que o prato que ganha as honras.

HOD EM G'VURA DE MAL'HUT
REFINAMENTO EM CONTRAÇÃO DE SEGURANÇA

A declaração do imposto de renda é uma das expressões mais criativas de ficção de nossos tempos.

– Herman Wouk

Ser refinado no que tange à contração na área de segurança se manifesta na sofisticação com que se quer reter a riqueza. E poucas vezes o ser humano consegue ser tão sagaz e matreiro como na área do imposto. É uma atitude quase infantil onde o jogo de cintura, as desculpas e as artimanhas tentam impedir que coisas ruins possam acontecer. Tomar banho, escovar os dentes, agasalhar-se, alimentar-se de forma saudável, entre outras, são as coisas que a criança resiste fazer. A criatividade que o adulto tem para evadir-se de contribuir com impostos é igual à da criança nas situações descritas. E quanto mais sagaz o adulto, mais contundentes serão os resultados: sujo, com cáries, com frio e com pouca saúde, ele se alegrará de sua esperteza.

IESSOD EM G'VURA DE MAL'HUT
ESSÊNCIA EM CONTRAÇÃO DE SEGURANÇA

O ser humano pensa e D'us ri.

– Ditado ídiche

A contração da segurança melhor se expressa pela insegurança quanto ao sustento. A essência desta preocupação produz nos céus um efeito hilariante por conta de seu absurdo. Visto com a perspectiva dos céus – da vida em seu significado absoluto –, nada do que fazemos é resultado exclusivo de nossos esforços.

O ser humano planeja e cria estratégias para seu futuro como se dele fosse dono majoritário. Ele é apenas sócio desta intrincada empresa que é a nossa existência. E quando o ser humano não reconhece isto, se torna uma figura patética que se acha totalmente responsável por si. É saudável reconhecer que há muitos aspectos de nossa existência que não são de nossa responsabilidade.

MAL'HUT EM G'VURA DE MAL'HUT
SEGURANÇA EM CONTRAÇÃO
DE SEGURANÇA

NEGÓCIOS – Ruim: se ele ganha e eu perco;
Razoável: se ambos ganhamos;
Bom: se eu ganho e ele perde.

Quanto pior para os outros, melhor para nós. Durante muitos séculos os negócios eram feitos com esta mentalidade. É recente a descoberta de que se o outro perde, a médio ou longo prazo, nós perdemos também. Esta compreensão que já existia na ética e na religião só hoje está entrando no mercado. O futuro reserva para nós um novo entendimento de segurança. Hoje, estar seguro é estar bem. Amanhã, estar seguro dirá respeito a como nós estamos e a como os outros estão. Ninguém pode estar seguro sozinho pois a segurança é uma medida que só faz sentido em relação ao ego. Quem se sente seguro sozinho está hoje escondido por trás de barras e com guarda-costas por todos os lados. Sem tirar nem pôr, na mesma condição de um presidiário.

TIFERET DE MAL'HUT
INÍCIO DA SEMANA
LUA CRESCENTE

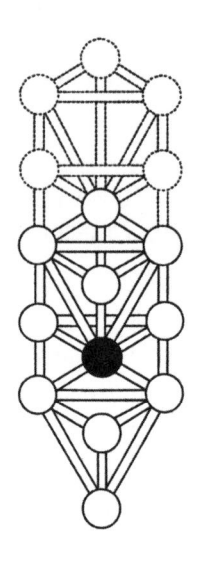

HESSED EM TIFERET DE MAL'HUT
EXPANSÃO EM EQUILÍBRIO
DE SEGURANÇA

*Empreste sempre com testemunhas,
mas doe sem a presença delas.*

Um empréstimo é um acordo com expectativas. Fazê-lo sem a presença de testemunhas é abrir espaço para desapontamentos desnecessários. Quanto mais próxima a pessoa a quem se empresta, mais imprescindíveis as testemunhas e os documentos. Normalmente pensamos ao contrário, e isto é fonte de grandes decepções. Documentos e formalidades são um exercício espiritual quando há expectativas em jogo. Já no caso de uma doação o verdadeiro trabalho espiritual é não se ter testemunhas.

A doação cuja origem jamais será conhecida faz do ato de dar uma expressão da vida e não do indivíduo, ou do ego. A presença ou a ausência de testemunhas é um ato de sabedoria.

G'VURA EM TIFERET DE MAL'HUT
CONTRAÇÃO EM EQUILÍBRIO
DE SEGURANÇA

Para uns falta apetite para a camida; para outros, falta comida para o apetite.

Uma das formas de maior contração de equilíbrio é o desperdício. E este acontece toda vez que não conseguimos juntar a oferta com a demanda. Demanda sem oferta é a miséria. Oferta sem demanda é a depressão. Esta é uma descoberta que o mundo está ainda por fazer: erradicar a miséria significa erradicar a depressão ao mesmo tempo. Se mais pessoas soubessem disto haveria menos indigência e penúria como efeito da terapia à angustia e ao abatimento. A grande questão ética do mundo não é a distribuição, mas o desperdício. Nos bancos e no lixo há ofertas que em muito supririam as demandas por comida. Na carência, no abandono e na necessidade há ofertas que em muito supririam as demandas por apetite.

TIFERET EM TIFERET DE MAL'HUT
EQUILÍBRIO EM EQUILÍBRIO
DE SEGURANÇA

Quanto menos você dorme, mais fora do mundo fica.

Um interessante aspecto da segurança é o sono. A segurança e a saúde dependem também das pausas e dos vazios. É interessante notar que se um indivíduo fica acordado mais tempo do que deve, com o passar do tempo, vai deixando de ficar lúcido e desperto. Esperaríamos que alguém excessivamente acordado ficasse mais presente no mundo e não mais ausente. O equilíbrio entre estar e não estar, entre realidade e sonho e entre claridade e escuridão é o que nos permite o estado sensível da lucidez. Há um ponto máximo onde estar alerta não nos faz mais alerta, onde a desatenção cumpre melhor este papel. Há um ponto máximo onde ver não nos faz enxergar mais, onde a penumbra cumpre melhor este papel. O grande equilíbrio está em não apenas preencher, mas esvaziar. Nossos pulmões sabem disto e têm tanto prazer no inspirar como no expirar.

NETSAH EM TIFERET DE MAL'HUT
PERMANÊNCIA EM EQUILÍBRIO DE SEGURANÇA

Quase todo ser humano pode suportar adversidades, mas para verdadeiramente testar seu caráter dê-lhe poder.

– Abraham Lincoln

Na adversidade e no sofrimento algumas qualidades humanas são demonstradas. No poder, no entanto, para preservar seu caráter, o ser humano deve fazer uso de todos os seus atributos. Esta é a razão do pobre ser mais gente do que o rico. Não se trata de dois materiais humanos diferentes, mas de seres humanos expostos a condições diferentes. É mais fácil ter caráter como pobre do que como rico. O poder faz uma proposta indecorosa raramente rejeitada: de que somos especiais ou mesmo superiores. Esta é uma grave distorção para quem irá descer sete palmos abaixo da terra como qualquer outro. Rejeite a segurança que advém desta distorção. Feliz daquele que tem a segurança de contar com seu caráter.

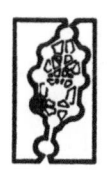

HOD EM TIFERET DE MAL'HUT
REFINAMENTO EM EQUILÍBRIO
DE SEGURANÇA

A Educação é a melhor provisão para a velhice.
– Aristóteles

A vida é carinhosa para aqueles que são úteis. Ela rende sustento para quem é útil mas também deferência, companhia e divertimento. Na língua hebraica há duas palavras para velho – *zaken* e *seiva*. A primeira, derivada da raiz da barba, quer dizer o velho que envelheceu no corpo. A segunda, ancião, é usada para aquele que envelhece na alma. O velho nos faz prestar atenção na sua decadência física. O ancião nos faz prestar atenção na qualidade que só pode existir através da experiência e da quilometragem que a vida oferece. Como o vinho ou o uísque, o ancião é um refinamento que só o tempo pode oferecer. O ancião desfruta da velhice, o velho dela padece.

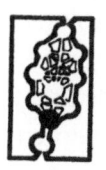

IESSOD EM TIFERET DE MAL'HUT
ESSÊNCIA EM EQUILÍBRIO
DE SEGURANÇA

Cachorro que ladra não morde,
mas eles mesmos não sabem disto.

Um dos grandes cuidados que devemos tomar no que diz respeito à segurança é com a teoria. Quem tem medo de cachorro sabe disto. O dono assegura que ele não faz nada, que é mansinho, para depois desculpar-se: "Que coisa!? Ele nunca fez isto antes. Deve estar estranhando alguma coisa." Talvez esteja estranhando a teoria, pois um cachorro é parte da vida prática e da realidade. Para a prática, a exceção não é um erro, mas apenas o momento em que a teoria parou de funcionar. Use sua experiência para entender como as coisas funcionam neste mundo. Mas não se esqueça de uma característica importante da realidade – ela funciona até que deixe de funcionar. Pois "cão que ladra não morde" é uma certeza da experiência humana acerca da natureza canina, mas não necessariamente a natureza canina.

MAL'HUT EM TIFERET DE MAL'HUT
SEGURANÇA EM EQUILÍBRIO DE SEGURANÇA

Sob o capitalismo o homem explora o homem, sob o socialismo o reverso acontece.

Este provérbio ironiza qualquer forma de estrutura externa que se arvore garantir segurança. O ser humano explorará outro ser humano sob qualquer modelo econômico enquanto não realizar modificações estruturais em seu próprio ser. A segurança que todos sonhamos virá de transformações em nossa mentalidade ou mesmo em nossa própria natureza. A palavra "explorar" pode significar "procurar, pesquisar" ou "ludibriar, tirar proveito". Não está longe o dia em que o ser humano irá se dedicar a explorar o outro ser humano no sentido da procura e do entendimento. Quando explorar o outro não significar mais tentar arrancar-lhe tudo, até mesmo sua dignidade, mas o encontro com o outro, terá terminado a mais ousada das explorações humanas. A conquista não terá sido o fundo do mar ou o espaço, mas o homem que implora a outro homem.

NETSAH DE MAL'HUT
INÍCIO DA SEMANA
LUA CHEIA

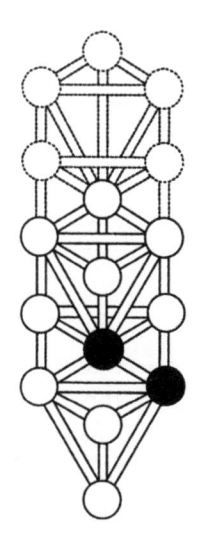

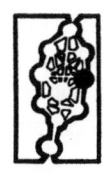

HESSED EM NETSAH DE MAL'HUT
EXPANSÃO EM PERMANÊNCIA
DE SEGURANÇA

Perdoe seus inimigos, mas nunca esqueça seus nomes.
– J. F. Kennedy

A expansão da possibilidade de segurança de forma duradoura tem a ver com perdoar e estar alerta. Perdoar significa buscar estabelecer todo tipo de entendimento possível abrindo mão de nossas mágoas e ressentimentos. Esta grandeza de desculpar os outros, encontrando em suas fraquezas material, não para julgamento, mas para compaixão, é fundamental para a paz. Ao mesmo tempo, o perdão não deve ser um movimento de fraqueza ou de submissão. Muito pelo contrário, perdoar deve ser um ato de guerra, de quem percebe que respeitar e aceitar o outro é uma conduta ativa na busca de um mundo melhor e de mais segurança. Não esquecer o nome dos inimigos é estar atento, evitando que se tenha que recorrer novamente ao recurso do perdão.

G'VURA EM NETSAH DE MAL'HUT
CONTRAÇÃO EM PERMANÊNCIA
DE SEGURANÇA

A razão de tantas pessoas terem ido a seu enterro é que elas queriam se assegurar de que estava morto.

– Samuel Goldwyn

No plano da segurança nosso maior pesadelo é aquele explorado pelos filmes de suspense – o bandido parecia morto mas na cena seguinte está atacando de novo. "Certificar-se que o bandido morreu" é um conceito que expressa a ideia de dar-se fim à insegurança de uma vez por todas. Traz a ideia de que não se pode sossegar enquanto questões de vida não estiverem totalmente concluídas. O monstro que depois de morto reaparece simboliza que se deixou algo inacabado. Estas pendências que permanecem nas relações humanas e nos conflitos são fontes de grande tormenta. Deve-se aprender a ir ao enterro destas questões para assegurar-se de que estão mortas. A segurança depende em muito da maturidade para se concluir os processos da vida. Não descanse enquanto isto não acontecer, pois, quando você menos esperar, seu problema ressuscitará.

TIFERET EM NETSAH DE MAL'HUT
EQUILÍBRIO EM PERMANÊNCIA
DE SEGURANÇA

A pressa passa e o equívoco fica.

"A pressa é inimiga da perfeição" nos oferece uma medida da falibilidade do apuro. "A pressa passa e o equívoco fica" transmite uma outra faceta importante da relação pressa-perfeição, ou seja, a segurança. A consciência da permanência de um equívoco nos ajuda bastante na busca de qualidade e de segurança. Se tivéssemos a compreensão do quão duradouros podem ser os nossos erros, redobraríamos o nosso cuidado. Há um ditado entre gerentes de bancos que liberam empréstimos que diz algo como: "melhor um sorriso amarelo momentâneo ao dizer 'não' do que ficar com ele para o resto da vida." Inúmeros acidentes seriam evitados se soubéssemos quão duradouras são suas consequências. Descubra como diminuir o ritmo de suas ações para um nível que não esteja nesta categoria da pressa, ela é muito insegura.

NETSAH EM NETSAH DE MAL'HUT
PERMANÊNCIA EM PERMANÊNCIA
DE SEGURANÇA

Entradas são largas, saídas são estreitas.

– Dito judaico

Vencer a tentação de entrar pode exigir muita sensibilidade. No mundo do investimento, sempre que as possibilidades são apresentadas elas nos parecem muito amplas. Veja o exemplo da loteria – o menor investimento com a promessa da maior recompensa. O anúncio do prêmio acumulado nos faz sonhar (entrada) com algo que estatisticamente nunca irá acontecer (saída). Quem aposta não sabe que vai perder, caso soubesse não jogaria o dinheiro no lixo. Sim, é verdade que há uma chance de ganhar. Se você tiver real consciência de quão estreita é a saída, faça o que quiser. Apenas não se deixe iludir pela amplidão da entrada. As maiores quedas e decepções da vida, mesmo na área afetiva, têm a ver com largas entradas que terminam muito estreitas. O segredo é mirar na saída e tê-la como a verdadeira dimensão de onde estamos entrando.

HOD EM NETSAH DE MAL'HUT
REFINAMENTO EM PERMANÊNCIA DE SEGURANÇA

Quando o cérebro se faz necessário, músculos não dão conta.

Para desfrutarmos de permanência em segurança devemos saber como nos defender. A escolha das armas sempre foi bastante importante. Não lute com um sabre se o outro está com uma pistola. Destreza e coragem não conseguirão fazer frente a esta arma de natureza diferente. Assim também é com as outras armas do ser humano – o cérebro, o coração e a alma. Quando o cérebro for necessário, músculos não darão conta. Quando o coração for necessário, o cérebro não dará conta. E quando a alma for necessária, o coração não dará conta. Quanto mais poderosa a arma, menos violenta ela é. São as armas menos poderosas que devemos temer. Na insegurança que elas produzem, pois não protegem de nada, é que as pessoas podem ser levadas a tanta destruição. Quem depende só de seus músculos vive inseguro e traz insegurança ao mundo.

IESSOD EM NETSAH DE MAL'HUT
ESSÊNCIA EM PERMANÊNCIA DE SEGURANÇA

Quando você não tem escolha, ao menos seja bravo.

– Dito judaico

Para a segurança é fundamental reconhecer os momentos em que não temos escolha. Na verdade, já foi dito, é sempre uma escolha reconhecer se a temos ou não. Devemos fazer a escolha que nos leve a compreender quando é que não dispomos dela.

Porque há muito a fazer quando não temos escolha. E o principal é sermos bravos. Quem não reconhece que não tem escolha tem mais dificuldade de ser bravo. Quantas situações ficamos adiando sem enfrentá-las fingindo termos a escolha de não enfrentá-las. Este tempo de covardia nos rouba muitas outras opções que não percebemos. Pois podemos não ter escolha num dado momento, mas ao reconhecermos isto outras opções aparecem. Quem tem medo de enxergar que não tem escolha é quem realmente fica sem escolha.

MAL'HUT EM NETSAH DE MAL'HUT
SEGURANÇA EM PERMANÊNCIA
DE SEGURANÇA

Covarde: alguém que, em meio a um grande perigo, pensa com seus pés.

– Ambrose Bierce

Os pés foram feitos para nos aproximar ou nos afastar daquilo que respectivamente desejamos ou repudiamos. No entanto, ao cérebro foi dado comando dos pés e não o contrário. Nossos medos nos levam a pensar com os pés e a fugir com o cérebro. Quando pensamos com os pés estamos nos entregando a um mundo que só faz se distanciar, se afastar. Perdemos assim oportunidades de toda sorte. Quando fugimos com o cérebro fazemos então uma derradeira covardia. Perdemos a oportunidade de viver a nossa própria vida. Ficamos longe de nós mesmos. Corajoso, por sua vez, não é ser tolo e não correr. Saber correr, comandado pelo cérebro e executado pelos pés, pode ser um ato de grande coragem e sabedoria. O segredo é que cada um cumpra a sua função: que o cérebro pense e que os pés se aproximem e se afastem.

HOD DE MAL'HUT
INÍCIO DA SEMANA
LUA MINGUANTE

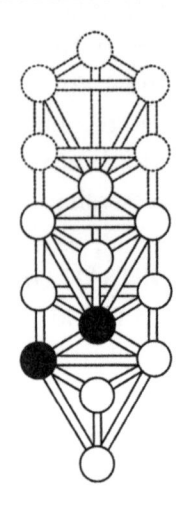

HESSED EM HOD DE MAL'HUT
EXPANSÃO EM REFINAMENTO
DE SEGURANÇA

Se você não pode passar por cima, passe por baixo!

Um dos melhores exemplos é a água. A água estuda seus caminhos cuidadosamente. Ela não força caminhos, mas busca os que melhor fluem. Esta flexibilidade é importante na expansão. Certa vez um caçador encontrou alvos desenhados em árvores da floresta e em todos, sem exceção, havia uma flecha cravada no centro. Curioso por saber o segredo de tão talentoso arqueiro procurou encontrá-lo. Quando finalmente conseguiu, perguntou-lhe o segredo de tão certeira pontaria. O arqueiro respondeu: "É simples, eu atiro a flecha primeiro e depois pinto o alvo." Na vida muitas de nossas expansões são assim: não sabemos muito bem para onde estamos atirando, mas devemos fazer o melhor possível nas condições que nos são dadas.

G'VURA EM HOD DE MAL'HUT
CONTRAÇÃO EM REFINAMENTO
DE SEGURANÇA

O fanatismo consiste no ato de redobrar esforços por conta de se ter esquecido dos objetivos.

– George Santayana

O fanatismo é uma contração do refinamento. O fanático redobra seus esforços para não ter que pensar e descobrir que está perdido. Quanto mais esforço, menos pensamento. O uso do esforço para compensar objetivos demonstra que o fanatismo é cego. Talvez ainda mais perverso é o fato de que o fanatismo se apresenta como uma expressão de objetivos absolutos. Esta é uma reação bastante comum no ser humano: quando ele não sabe estabelecer objetivos e crenças ele impõe objetivos e crenças a si e aos outros. É um mecanismo de defesa onde a insegurança e a dúvida são combatidas com certezas e obsessão. O fanático é um cego que não sabe que é cego.

TIFERET EM HOD DE MAL'HUT
EQUILÍBRIO EM REFINAMENTO
DE SEGURANÇA

Não há surdo como aquele que não ouve nem cego como aquele que não vê.

Não há nada mais difícil de vencer do que bloqueios. Eles nos impedem de perceber outras possibilidades e inibem sensibilidades. Quem conhece de perto o que é um bloqueio torna-se capaz de vencê-lo. Pessoas com deficiências físicas são mestres nisto. Uma oração matinal de Isaac Mozeson descreve esta sensibilidade: "ajude-me sempre a sentir como o cego, a ver como o surdo, a ouvir como o mudo e a amar como quem esta morrendo." Poder contar com a experiência de bloqueios descobertos no passado nos ajuda em muito a combatê-los no presente. Não menospreze o poder de um bloqueio, pois um de seus efeitos mais poderosos é justamente nos fazer menosprezá-lo.

NETSAH EM HOD DE MAL'HUT
PERMANÊNCIA EM REFINAMENTO
DE SEGURANÇA

Sorte sem bom senso é como uma sacola furada.

Deveria existir nas casas lotéricas um aviso do tipo "O Ministério da Saúde adverte: Ganhar na loteria sem uma boa dose de bom senso pode ser prejudicial à saúde". Na verdade qualquer experiência de sucesso ou de ascensão social cria dificuldades perigosas. Isto porque a adversidade nos humaniza e, portanto, nos refina. O sucesso, ao contrário, nos aliena e nos torna mais brutos. Refinamento se consome ao subir na vida, se produz ao descer. As bênçãos e as sortes da vida de nada servem se não temos o receptáculo, a sacola, para nele guardá-las. E quem já viveu isto pode dizer de cadeira: Melhor uma sorte não obtida do que uma que se esvai pelo furo!

HOD EM HOD DE MAL'HUT
REFINAMENTO EM REFINAMENTO
DE SEGURANÇA

Uma sociedade livre é aquela
em que é seguro ser impopular.

– Adlai Stevenson

A tolerância é uma segurança da qual todos tiram proveito. Ela significa, acima de tudo, que podemos ter opiniões que discordam da maioria e sermos respeitados. Na verdade, a opinião da minoria é um importante acervo para qualquer sociedade. Quanto mais respeitada, maior a qualidade da sociedade. Esta lógica é defendida corajosamente pelo Talmud. Nesta coletânea de leis e decisões dos rabinos a opinião da minoria é preservada com grande cuidado. A maioria determinava as leis, mas a opinião em discordância era registrada minuciosamente. Isto porque um dia, talvez, outras condições de vida pudessem permitir o uso desta opinião de minoria do passado para sustentar uma opinião que no futuro seria maioria. Quanto mais nos permitirmos nossas ideias impopulares, mais livre seremos.

IESSOD EM HOD DE MAL'HUT
ESSÊNCIA EM REFINAMENTO
DE SEGURANÇA

O mundo se sustenta na respiração de crianças na escola.

– Talmud

Não há base maior para o refinamento da segurança do que crianças na escola. Países onde as crianças estão em qualquer outro lugar – na rua ou no trabalho – são lugares que estão em processo de aumentar sua insegurança. O Talmud é bastante radical nesse ponto – o próprio mundo só sobrevive graças ao lastro oferecido pelo respirar das crianças na escola. Ao usar a figura da respiração, sua intenção é dupla. Por um lado, respirar significa desfrutar da tranquilidade que permite a existência sem atropelos. Por outro lado, a respiração é algo frágil que contrasta com a força de sustentar o mundo. Pois é esta a lição: não é a força que propulsiona a vida, mas o espírito. Não o aço, mas o sopro.

MAL'HUT EM HOD DE MAL'HUT
SEGURANÇA EM REFINAMENTO DE SEGURANÇA

"Por exemplo" não é uma prova.

– Dito judaico

A tentativa de dar conta da verdade através do exemplo deixa sempre a desejar. O exemplo é mais curto que a verdade. Por isto devemos ter cuidado com os exemplos, pois eles são instrumento tanto de manipulação como de ignorância. Não é raro encontrarmos exemplos junto das meias verdades. O exemplo malicioso insinua-se como uma prova ou uma lei. O exemplo pode, no máximo, corroborar com uma lei ou uma prova. Ele a ilustra, mas não pode assumir que a verdade não se construa a partir dele. Onde os exemplos possuem mais força é quando negam alguma proposta. Um exemplo que contraria uma ideia descarta leis e fórmulas. É preciso perceber a diferença que existe entre o exemplo que afirma e o exemplo que nega. O primeiro é prova circunstancial, o segundo é um flagrante.

SEMANA ESPECIAL INTERCALADA BINIAN HA – MAL'HUT

MUDANÇA DE PLATAFORMA E PARADIGMA
(PERÍODO DO ANO NOVO AO DIA DO PERDÃO)

KETER
INÍCIO DA SEMANA
LUA NOVA

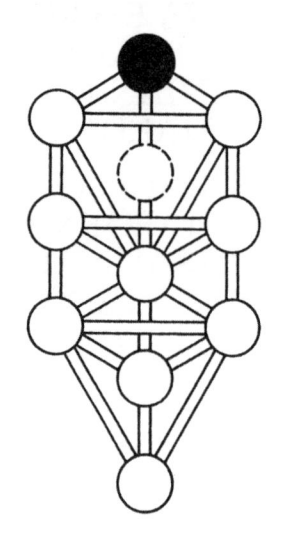

KETER DE KETER
SOBERANIA DE SOBERANIA

Anjos podem voar porque eles se percebem leves.
– G. K. Chesterton

Este é o período que vai do ano novo judaico até o *Iom Kipur* (Dia do Perdão). Estes dias são marcados pelo atributo (*Sefirot*) de soberania. Tal como o Criador é soberano, acima de tudo sobre si mesmo, nós também devemos ser. E o que significa ser soberano sobre si mesmo? Significa não deixar a vida caminhar frouxa. Por um lado, temos que nos responsabilizar pelo andamento de nossas vidas; por outro, devemos nos permitir a entrega e fluir com os processos que não controlamos. Nestes dias, nos cobramos por todos os erros do ano que se encerra.

Das vezes em que não fomos atentos e não tivemos iniciativa quando havia algo a fazer e também das vezes em que ficamos esperneando quando não havia nada a fazer. Voar é esta propriedade alcançada ao tirarmos de nós o peso de não termos sabido viver. Voa quem consegue ser mais leve que a vida que o envolve.

HESSED DE KETER
EXPANSÃO DE SOBERANIA

O começo e o fim da justiça são
a realização e a aplicação da compaixão.

– Talmud

Nesta semana de grande julgamento e contabilidade interna é importante não perder de vista o verdadeiro significado da justiça. Punir nunca foi a função da justiça, muito pelo contrário, sua tarefa é diminuir a violência deste mundo fazendo com que impere o respeito e a compaixão. É interessante que muitas vezes nos esquecemos disto. Justiça e compaixão não são antônimos. O contrário de justiça é injustiça. O de compaixão é crueldade. Buscar a justiça é percebê-la a serviço da compaixão. Para tal, quem julga tem que conhecer e conceber o perdão. Mesmo a punição é em si uma medida de compaixão, desde que represente o desejo de ensinar uma lição, ou seja, que contemple não só a paz social como a educação e a reforma do infrator. Quando a justiça está preocupada apenas com a paz social, então ela é um braço da crueldade.

G'VURA DE KETER
CONTRAÇÃO DE SOBERANIA

A pura e simples verdade raramente é pura e nunca é simples.

– Oscar Wilde

Esta é uma das maiores contrações da verdade. Nua ela é quase sempre intragável ao ser humano. A maneira humana de tratar da verdade é sempre encontrando uma maneira para adulterá-la. Pura e simples ela é uma essência, e o ser humano é feito de essência e também de forma. Esta é a razão pela qual se precisa sempre dar um exemplo junto com a verdade. O exemplo, que pareceria esclarecer a verdade, serve na maioria das vezes para ocultá-la. Com os exemplos se busca limitar a verdade para que esta possa ser aceita. Experimente fazer afirmações sobre a verdade sem precisar contextualizá-la. Ou ela o fará parecer um fanático ou você irá achá-la bastante imprecisa e incompleta. Por exemplo: não há cor em nada, é a incidência da luz sobre a matéria que produz o efeito das cores. A própria natureza parece não poder se furtar a dar exemplos.

TIFERET DE KETER
EQUILÍBRIO DE SOBERANIA

Quando você acrescenta à verdade, você subtrai dela.

– Talmud

É disto que falávamos ontem – os exemplos sempre reduzem a verdade e não a ampliam. Isto porque a verdade é em si um equilíbrio. Dela, diz o texto bíblico, "não se deve desviar nem para a direita nem para a esquerda". Mas o ser humano não é um equilíbrio – como todo ser vivo, trava uma luta constante para alcançar o equilíbrio. Se o meio ambiente está frio, terá que se esquentar. Se estiver perigoso, terá que se proteger. Se precisa sustento, terá que arriscar. Esta é a razão pela qual estamos sempre perseguindo a verdade mas nunca de posse dela. Permanecer na verdade exige um equilíbrio que é incompatível com a vida. Na mitologia bíblica parece ser esta a razão que o Criador dá aos anjos – seres equilibrados – para criar o homem. O ser humano foi criado para desequilibrar e, na busca por reencontrar o equilíbrio, realçar a própria verdade.

NETSAH DE KETER
PERMANÊNCIA DE SOBERANIA

A verdade nunca morre
– mas vive uma vida miserável.

– Dito judaico

O ano todo passamos sem querer enxergá-la. A verdade é nossa companheira constante, mas ninguém é tão desprezado como ela. Não podemos viver longe dela e quando muito nos afastamos ficamos mal, deprimidos. Sua proximidade, no entanto, também é insuportável. Sabemos que a verdade é responsável por todos os movimentos importantes de nossa vida e que dela dependemos para enfrentar problemas e situações. Mas ela é intensa demais. Pedimos para que seja parcial, para que nos permita conviver melhor com ela, mas é radical. Se ilumina parte de nossas vidas, quer imediatamente iluminar tudo. Intrusiva, a verdade faz ver o que não se quer. É uma epidemia que se alastra e só pode ser contida com a mentira. Não é à toa que toda consciência e todo sistema político reconhecem na verdade o seu inimigo mais temível.

HOD DE KETER
REFINAMENTO DE SOBERANIA

Estamos aqui e este é o "agora". Além disso, todo o conhecimento humano é uma ilusão.

– H. L. Mencken

Diante do Absoluto destes dias de reflexão, não há nada mais refinado do que reconhecer a soberania do presente. O aqui e o agora são a matéria-prima de nossa existência. É neles que podemos moldar a arte de viver. O passado nos aponta as oportunidades que perdemos de fazer da vida uma arte. Quantas vezes acabamos por transformar o momento num produto de encomenda, sem ousadia e destituído de criatividade. O futuro, por sua vez, é um investimento tolo se dispomos do presente diante de nós. Não se deixe enganar de que a vida é feita de recordações e de planos. Mesmo porque tudo o que recordamos com o passar do tempo são os momentos vividos intensamente no presente. E todos os planos que valem a pena são os que se viverá no presente. Exercite-se já. Agora!

IESSOD DE KETER
ESSÊNCIA DE SOBERANIA

Metade de uma verdade é uma mentira inteira.

– Provérbio judaico

Uma das formas mais comuns de nos enganarmos é através das meias verdades. Somos, na maioria da vezes, bastante sofisticados para cairmos em armadilhas óbvias. Afinal, todos nós queremos amar e não odiar, aproveitar e não desperdiçar, construir e não destruir, vencer e não fracassar. O que nos leva então a odiar tanto, desperdiçar tanto, destruir tanto e fracassar tanto? São nossas meias verdades. Elas nos conduzem a mentiras inteiras e através delas podemos viver vidas de grande falsidade. Da próxima vez que você se fizer uma pergunta ou proposta, não fique tão fascinado pela metade verdade. Fixe-se na metade mentira. Criar intolerância à mentira, por menor que seja a sua percentagem, é a melhor maneira de se educar para uma vida sincera e menos dissimulada.

MAL'HUT DE KETER
SEGURANÇA DE SOBERANIA

Um júri é composto por doze pessoas escolhidas para decidir quem tem o melhor advogado.

– Robert Frost

A justiça humana, como qualquer recurso humano, é em muito influenciada pelos meios que um indivíduo dispõe. Como a educação do pobre ou a medicina do pobre não têm a mesma qualidade que a do rico, assim também é com a justiça. A única condição que pode fornecer à justiça humana meios de se aperfeiçoar é a consciência. Por enquanto, os grandes advogados são aqueles que conseguem, mais do que revelar a verdade, manipulá-la para benefício de seu cliente. Véspera do *Iom Kipur*, Dia do Perdão, é bom lembrar que os advogados celestes são todos de acusação, apenas a verdade nos representa em defesa. Pode ser que por estas paragens terrestres a verdade não seja muito relevante. Certa vez ouvi: "só entra na justiça quem não tem razão... porque aí tem uma chance." Mas não se esqueça: contra a mais longa das condenações você só conta com a verdade.

DAAT (OU DIN) DE KETER
JUSTIÇA DE SOBERANIA

A justiça é a verdade em ação.

– Benjamin Disraeli

Representa o dia do *Iom Kipur*, o dia em que o julgamento se transforma em compaixão. Quando a verdade se põe em movimento ela gera o fenômeno conhecido por nós como justiça. E todos nós temos problemas com a verdade viva. Preferimos a verdade dominada e controlada, pois acreditamos que desta maneira obtemos a compaixão. Este, no entanto, é um grande engano. A compaixão legítima só é possível quando não se obstrui a verdade e quando se enfrenta a justiça. Uma mãe ou um pai que não sabem ser severos (justiça) jamais oferecerão verdadeiro amor a seus filhos. Temermos sempre que a justiça se torne implacável, pois a verdade é incontrolável – ela se irradia e se alastra para todos os lados. Mas é grata a surpresa de quem suporta a verdade em movimento, pois é ela que permite a paz e a experiência da compaixão.

IESSOD DE MAL'HUT
INÍCIO DA SEMANA
LUA CRESCENTE

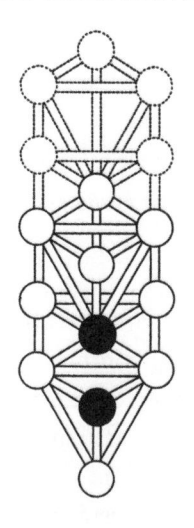

HESSED EM IESSOD DE MAL'HUT
EXPANSÃO EM ESSÊNCIA
DE SEGURANÇA

*Tato é pensar em tudo que você
diz sem dizer tudo o que você pensa.*

Quando temos que nos expandir em um território de segurança devemos fazer uso do tato. O tato é uma forma de cautela, de prudência, que pode representar segurança. É comum não podermos dizer o que pensamos e para tal temos que pensar muito no que dizemos. O tato, no entanto, não é para qualquer um – é uma arte. Ele requer um certo tino ou sensibilidade para que não acabe produzindo o efeito contrário ao que se propõe. O mau uso do tato, ao invés de ocultar algo que se pensa, acaba por tornar explícito o próprio pensamento. Para que o tato seja realmente um elemento de essência de segurança é fundamental que ele seja produto do respeito e do carinho ao outro. Quando o tato fortalece os laços entre indivíduos, ampliando a sua humanidade, não produz insinceridade, mas amor.

G'VURA EM IESSOD DE MAL'HUT
CONTRAÇÃO EM ESSÊNCIA
DE SEGURANÇA

O assassinato é uma forma extrema de censura.
– George B. Shaw

Esta noção é importante para percebermos a que ponto podemos chegar à tentativa de controlar a verdade ou a realidade. A censura – a obstrução da razão ou da informação – é uma medida que está sempre assassinando. Ela pode não chegar a esta manifestação tão radical de violência, mas este é o seu curso de ação. Quem censura está internamente pronto para o assassinato. Nossos olhos muitas vezes fuzilam. Fazem-no através do desdém ou de algo muito pior – o desprezo que ignora. Quando tratamos alguém como se não estivesse presente, quando não o cumprimentamos, é como se o estivéssemos matando. Sua transparência e inexistência é a expressão de nosso desejo contido de matá-lo. Se você discorda de uma pessoa nunca recora à censura. Calar alguém é uma forma não fatal de assassinato.

TIFERET EM IESSOD DE MAL'HUT
EQUILÍBRIO EM ESSÊNCIA
DE SEGURANÇA

Vote em quem promete menos.
O desapontamento será menor.
– B. Baruch

A expectativa é muito perigosa, pois ela transforma algo que ainda não aconteceu em um direito adquirido. Rapidamente ela ganha a forma de promessa e as chances de desapontamento são muito grandes. Quem de nós já não deixou de usufruir de um bom filme porque, por recomendação de amigos, fomos ao cinema com grandes expectativas. Aquele que poderia ser um excelente filme é vivido como uma decepção. Assim é com tudo na vida. A tradição judaica proíbe que se façam malas muito antes de viagens, que se prepare o quarto de uma criança que ainda não nasceu com muita antecedência, e outros costumes, visando impedir que a expectativa se instale. Ela é uma má hóspede: uma vez instalada não há quem a tire.

NETSAH EM IESSOD DE MAL'HUT
PERMANÊNCIA EM ESSÊNCIA
DE SEGURANÇA

É melhor morrer em pé do que viver de joelhos.

– Talmud

Muitas vezes nossa reação para manter uma suposta segurança é não se envolver. Cidadãos preferem silenciar para não correr riscos, comerciantes acatam ordens mafiosas para não serem vítimas de violência, políticos compactuam para não se expor, funcionários se corrompem para poder fazer parte do sistema e assim por diante. Somos todos um pouco parte de uma estrutura que prefere viver de joelhos a correr os riscos de ficar de pé. O problema está no fato de que esta solução que pode ser boa momentaneamente é desastrosa a médio e longo prazo. A verdadeira falta de segurança é feita destas pequenas e covardes tentativas de assegurar-nos segurança.

HOD EM IESSOD DE MAL'HUT
REFINAMENTO EM ESSÊNCIA
DE SEGURANÇA

Com mentiras você vai longe, mas não retorna.

A mentira parece sempre um interessante recurso para se conseguir segurança. Isto acontece porque com a mentira "se vai muito longe". A descoberta disto, desde nossa infância, faz com que acreditemos em sua eficiência. No entanto, esta condição de grande autonomia de voo da mentira é, como tudo, limitada. E no momento em que a mentira perde força e não tem mais como se manter, revela então sua verdadeira natureza. Da mesma forma que ela vai longe, ela consome o nosso crédito com os outros. Novas mentiras terão cada vez menos força e mesmo as verdades ficarão enfraquecidas. Conhecer o custo real da mentira é uma questão de refinamento. O mentiroso é a caricatura de alguém que acha ter feito um ótimo negócio quando acaba de realizar o pior de todos.

IESSOD EM IESSOD DE MAL'HUT
ESSÊNCIA EM ESSÊNCIA
DE SEGURANÇA

Se você se deita no chão, não pode cair.

Há momentos em nossa vida que devemos nos permitir esta experiência de descoberta do chão sob os nossos pés. Nossas ambições e inseguranças nos levam sempre a buscar alçar voos e, quanto mais alto vamos, piores são as vertigens. As crises de vida que experimentamos têm a ver com o quanto nos afastamos do nosso chão. Muitos dirão em desespero "estou caindo". É verdade: estão. Mas é uma queda fundamental e se vista por outra perspectiva representa um reequilíbrio bastante saudável. Quem dera as pessoas conseguissem ter o mesmo medo que têm da queda quando estivessem começando a perder o seu chão. Se cada vez que fôssemos insinceros ou falsos ou desleais sentíssemos um pânico igual a quando em quedas, estas não aconteceriam. De qualquer forma, se estiver caindo, lembre-se: do chão, do seu chão, não passa.

MAL'HUT EM IESSOD DE MAL'HUT
SEGURANÇA EM ESSÊNCIA
DE SEGURANÇA

Uma pessoa é capaz de lutar com mais empenho por seus interesses do que por seus direitos.

– Napoleão Bonaparte

Esta é a tragédia da sociedade humana que a experiência do socialismo e do comunismo revelaram de forma tão explícita. Nossa garra para defender interesses suplanta em muito a de defender nossos direitos. Nossa natureza animal nos fez caçadores e sobreviventes. Temos grande dificuldade em confiar que algo nos virá por direito. Diríamos que na selva, na luta pela vida na natureza, este conceito não existe. Nada é dado por direito. Mas este é um grande erro. A natureza é feita de direitos. Direito ao ar, direito ao território, direito às simbioses, direitos de instinto e tantos outros que apenas recentemente a consciência ecológica está nos revelando. É de uma intrincada relação entre interesses e direitos que a vida se faz possível. Nossa civilização perdeu este equilíbrio e com ele muito de nossa segurança.

MAL'HUT DE MAL'HUT
INÍCIO DA SEMANA
LUA CHEIA

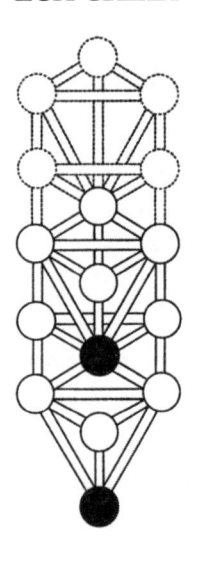

HESSED EM MAL'HUT DE MAL'HUT
EXPANSÃO EM SEGURANÇA
DE SEGURANÇA

A autocrítica é um luxo. Quando culpamos a nós mesmos nos sentimos como se ninguém mais tivesse o direito de nos culpar.

– Oscar Wilde

Nada nos oferece maior segurança do que a certeza de estarmos atentos ao nosso comportamento. É natural assumirmos uma postura defensiva quando nos apontam uma falha que não havíamos percebido. Quem conhece as suas faltas e sabe criticar-se a si mesmo caminha mais seguro pelas ruas. Ao mesmo tempo, como é de sua própria natureza, a segurança em exagero acaba produzindo insegurança. Faça o teste: qualquer excesso de segurança nos torna desleixados e gera insegurança. Quando começamos a manipular a autocrítica como uma forma de não sermos acusados por mais ninguém, ela se transforma num perigoso vício. Ninguém é mais inseguro do que aquele que se protege alardeando para todos "eu errei". Quem num incêndio dá o alarme mas não corre acaba se queimando.

G'VURA EM MAL'HUT DE MAL'HUT
CONTRAÇÃO EM SEGURANÇA DE SEGURANÇA

Uma celebridade é alguém que lutou muito para ficar conhecido e que depois usa óculos escuros para evitar ser reconhecido.

– Fred Allen

Uma das formas que a segurança pode tomar é a sensação de que somos gostados e apreciados. Tornar-se uma celebridade é muitas vezes o sonho da criança dentro de nós que quer atenção e busca suprir suas carências. Confundimos a idolatria oferecida ao "ídolo" com um carinho que venha a preencher vazios afetivos. Mas isto é uma ilusão. Não são poucos os famosos deprimidos por solidão tendo inúmeros sido levados à autodestruição. A admiração ao ídolo é um carinho superficial a uma figura que este representa, mas não à pessoa propriamente. Por isto os óculos escuros, porque este carinho é dispensável. Mais do que fazer bem ele pode fazer muito mal, porque ao invés de suprir carências realça o fato de que somos gostados mais por aquilo que representamos do que por aquilo que somos.

TIFERET EM MAL'HUT DE MAL'HUT
EQUILÍBRIO EM SEGURANÇA
E SEGURANÇA

Todas as frases que começam com
"D'us nos livre" descrevem o que é possível.

– Dito judaico

Ninguém usaria a frase "D'us nos livre" se a possibilidade em questão não lhe aterrorizasse. Na verdade, não há nada mais assustador do que aquilo que é possível. O que já vimos acontecer ou o que compreendemos como uma verdadeira possibilidade nos traz grande insegurança. É comum buscarmos nos proteger desta sensação. Quanto mais perto de nós acontece uma tragédia, seja com pessoas conhecidas, ou pessoas da mesma idade ou de condições semelhantes, mais impressionados ficamos. "D'us nos livre" é uma forma de evocarmos a fé para nos proteger nestes instantes. Mas esta frase não deve alimentar a fantasia de que algo não pode acontecer conosco. Ao contrário, é um alerta indicando que poderia, realmente poderia, acontecer conosco. É uma frase para lidar com a realidade e não fugir dela.

NETSAH EM MAL'HUT DE MAL'HUT
PERMANÊNCIA EM SEGURANÇA
DE SEGURANÇA

Há milhões de pessoas que sonham com
a imortalidade mas que não sabem
o que fazer numa tarde chuvosa de domingo.

– Susan Ertz

A permanência é uma área que associada a segurança pode nos trazer falsos sentimentos. O problema humano não é tanto o fato da vida ser curta, mas o desejo que temos de controlar nosso destino. Uma vida é um tempo suficiente para cumprir tudo o que se espera de nós e para usufruir tudo o que há para ser aproveitado. Fazemos da expectativa quantitativa da vida um desejo sem percebermos que não conseguimos sequer dar conta do tempo que temos. Ficamos tão aborrecidos e enfadados com o tempo de que dispomos que a pretensão à imortalidade se torna uma reivindicação tola. Antes de sonhar com mais tempo seria interessante nos perguntarmos o que faríamos com ele. Viver a vida intensamente traz mais segurança do que ficar economizando tempo ou sonhando com prorrogações de nossa permanência neste mundo.

HOD EM MAL'HUT DE MAL'HUT
REFINAMENTO EM SEGURANÇA
DE SEGURANÇA

É difícil acreditar que uma pessoa esteja dizendo a verdade quando você estaria mentindo se estivesse no lugar dela.
— H. L. Mencken

Não há nada que ameace mais a segurança do que a malícia. Muitos diriam o contrário, ou seja, que sem malícia uma pessoa não consegue ter sucesso e segurança. E esta é uma questão de refinamento. Projetamos sobre o outro nossas próprias reações. É a nossa malícia que nos faz desconfiar do outro, pois achamos que este será capaz de tudo que somos capazes. Quanto mais somos capazes de fazer, quanto mais maliciosos e manipuladores, mais inseguros ficamos, imaginando que os outros sejam capazes de fazer o mesmo conosco. Comprovamos assim que quanto menos malícia maior a tranquilidade de um indivíduo. Quanto mais ingênua e desarmada uma pessoa é, maior será a sua sensação de segurança. Mas não seria esta uma falsa segurança? Não necessariamente. A paz é um importante componente da segurança.

IESSOD EM MAL'HUT DE MAL'HUT
ESSÊNCIA EM SEGURANÇA
DE SEGURANÇA

Por natureza, gostamos do que nos é familiar e desgostamos daquilo que nos é estranho.

– Maimônides

Maimônides revela um dos princípios da segurança. Sentimo-nos seguros quando estamos diante de algo conhecido e profundamente ameaçados pelo novo e pelo diferente. A estranheza produz um efeito geométrico sobre o temor. Por um lado, o conhecido nos permite lidar com as situações com maior controle. Por outro, o desconhecido ativa em nós uma reação animal própria da ameaça. Há risco e inesperado no que é estranho. Para suportar o estranhamento é necessária muita segurança. Os povos mais inseguros são aqueles que tentam erradicar o estrangeiro, ou os indivíduos que diabolizam o outro por ser diferente, ou os que odeiam o vizinho por não ser um igual. É preciso ser muito corajoso para viver em paz com os outros. Quanto mais medroso e acuado, menos se aceita o estranho.

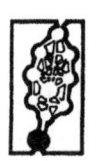

MAL'HUT EM MAL'HUT DE MAL'HUT
SEGURANÇA EM SEGURANÇA
DE SEGURANÇA

Tinha pena de mim porque não tinha sapatos, até o dia em que conheci um homem que não tinha os pés.

– Dito judaico

O medo e a antecipação são fontes de insegurança. No entanto, como é comum na natureza, dos mais fortes venenos se produzem antídotos. A segurança e a gratidão podem ser produzidas pelo reconhecimento de que sempre pode ser pior. Não se trata de um exercício de lógica do tipo: se podia estar pior então está ótimo. É a experiência que nos traz este aspecto da realidade. Exemplo disto é a famosa história do rabino que é procurado por um homem pobre que não suportava mais viver com a mulher e oito filhos num pequeno barraco. O rabino disse-lhe: "Só há uma solução. Traga uma vaca para morar com vocês." Passados alguns dias o homem voltou mais desesperado. O rabino disse: "Tire agora a vaca." Não é preciso dizer que o antigo barraco se tornou um lugar bastante mais espaçoso. A insegurança é infindável se não podemos trazer umas vacas para contê-la.

SEMANA ESPECIAL INTERCALADA DE PRIMAVERA (HEMISFÉRIO SUL) OU OUTONO (HEMISFÉRIO NORTE)

FESTA DE SUCOT – TABERNÁCULO

HOH'MA
INÍCIO DA SEMANA
LUA MINGUANTE

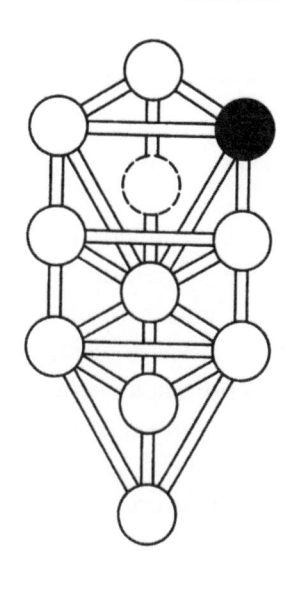

HESSED DE HOH'MA
EXPANSÃO DE SABEDORIA

Todos os seres humanos são ordinários;
extraordinários são aqueles que sabem disto.

– G. K. Chesterton

Reconhecer-nos como ordinários não nos faz pequenos, muito pelo contrário. Aquilo que é simples pode ser mágico e muito poderoso justamente por conta de sua simplicidade. Talvez possamos desta forma redefinir o que seja poder ou estatura. É tão grandioso ou poderoso aquele que se reconhece no seu tamanho real. É pequeno e fraco aquele que se acha menor ou maior do que na realidade é. Sob esta nova definição, toda busca humana que justifica gastar nosso precioso tempo de vida é a de encontrar nosso verdadeiro tamanho. O herói humano é aquele que conhece os seus limites.

G'VURA DE HOH'MA
CONTRAÇÃO DE SABEDORIA

A sabedoria começa pelo fim.

Ser sábio é antecipar acontecimentos. Como um jogador de xadrez da vida, o sábio pensa no último lance antes do próximo. No entanto, esta não é uma fórmula tão simples. Na vida, antecipar lances pode nos levar ao desespero e à depressão. Se, ao nascer um neném, choramos porque no final de todos os processos ele vai morrer como qualquer mortal, não estamos sendo sábios. A sapiência é saber começar pelo fim, mas o mais difícil é saber qual o fim de cada processo, para se saber de onde começar.

TIFERET DE HOH'MA
EQUILÍBRIO DE SABEDORIA

Pela sabedoria uma casa é construída,
pela compreensão é mantida
e pelo discernimento
se enche de prosperidade.

Qualquer processo construtivo necessita de sabedoria. Por definição, aquilo que é destituído de sabedoria, mais cedo ou mais tarde, não produz e desperdiça. Mas para manter a construção é fundamental a compreensão. A conexão, a troca e a simbiose são os mecanismos de preservar, mesmo na natureza. Não podemos pensar em vida sem considerar a rede que a mantém. Nada que se mantém é isolado, mas em relação ao meio em que existe. Ao mesmo tempo, é o discernimento que produz o sustento e a sobrevivência. Não há vida onde a sabedoria, a compreensão e o discernimento não estão orquestrados.

NETSAH DE HOH'MA
PERMANÊNCIA DE SABEDORIA

O jovem que não chora é um selvagem,
o idoso que não ri é um tolo.

– George Santayana

O choro e o riso são importantes receptáculos de sabedoria. Na juventude, quando o riso é predominante, conhecer o choro nos aproxima da realidade e nos faz mais humanos e compassivos. Já na velhice, onde as perdas imperam, saber rir é enxergar para além do sentido superficial da vida. Na medida apropriada, vamos ver que jovens que choram e idosos que riem são aqueles com uma vida mais rica e com maior compreensão da realidade. Temos que ensinar nossos filhos a chorar para que não sejam selvagens, nossos idosos a rir espalhando esperança. Humanidade e esperança são sempre o produto final da sabedoria.

HOD DE HOH'MA
REFINAMENTO DE SABEDORIA

Sem sabedoria, o conhecimento
é mais estúpido do que a ignorância.

Seu cérebro e sua alma não são uma lata de lixo. Não acumule conhecimentos que não são necessários. Gerenciar a economia de nosso conhecimento associando-o sempre à sabedoria deve ser uma tarefa constante. Como as quinquilharias de nossas casas que sem uso são um estorvo e acumulam poeira, o conhecimento não é sempre um ganho. É melhor não saber do que saber errado. O último exige esforço duplo de educação – deseducar para reeducar. A superficialidade é sempre mais estúpida do que a ignorância.

IESSOD DE HOH'MA
ESSÊNCIA DE SABEDORIA

Aquele que questiona opiniões é sábio, aquele que discute com fatos é um tolo.

– Frank Garbutt

Duvidar e questionar são valores importantes mas não são absolutos. É comum vermos a sabedoria associada à capacidade de inquirir e relativizar situações. No entanto, esta busca é limitada por outra capacidade: a de reconhecer os limites da realidade. Não é raro vermos filosofias e pensamentos profundos que perdem total contato com os fatos e com a prática. Sua produção não é sapiência, mas tolice. Podemos discutir as versões dos fatos mas não podemos negar-lhes a qualidade de expressar a realidade.

MAL'HUT DE HOH'MA
SEGURANÇA DE SABEDORIA

Muitas vezes a sabedoria consiste em saber qual o próximo passo.

– Herbert Clark Hoover

Vimos acima que começar pelo fim é expressão de sabedoria. Há situações, no entanto, onde o fim é uma incógnita. Nestas ocasiões, vale a sabedoria do próximo passo. Sem a certeza do fim a que se quer chegar, esta sabedoria se baseia em ser coerente com princípios de vida e na sensibilidade de sermos próprios. Apostar em próximos passos que estão em harmonia com quem somos e o que pensamos, levando em conta as circunstâncias particulares de cada momento e situação, é a atitude do sábio. Quando não se sabe o fim para dele começar, deve-se tomar cuidado para não mirar em passadas distantes. A próxima é a mais importante e segura.

ANO ABSOLUTO
MÊS ABSOLUTO
INÍCIO DA SEMANA

HESSED EM HESSED DE HESSED

(Busque novamente o sábado mais próximo da Lua Nova do Equinócio da Primavera, no Hemisfério Sul, ou do Outono, no Hemisfério Norte, e recomece os exercícios)

APÊNDICES

1) Calendário e Leituras das Escrituras

A base do calendário absoluto são as leituras do Pentateuco designadas para serem lidas nas sinagogas semanalmente (parshiot). Os cinco primeiros livros do texto bíblico são divididos em trechos que correspondem à permutação das Sefirot com elas mesmas (49 parshiot). Dependendo do ano, algumas destas parshiot podem ser lidas em conjunto com outra (mechubarot – amarradas) ou não.

Bereshit	Hessed de Hessed	Gen. 1:1 – 6:8
Noah	G'vura de Hessed	Gen. 6:9 – 11:32
Lech Lecha	Tiferet de Hessed	Gen. 11:32 – 17:27
Vaierá	Netsah de Hessed	Gen. 18:1 – 22:24
Chiei Sara	Hod de Hessed	Gen. 23:1 – 24:18
Toledot	Iessod de Hessed	Gen. 25:1 – 28:9
Va-ietse	Mal'hut de Hessed	Gen. 28:10 – 31:54
Va-Ish'lach	Hessed de G'vura	Gen. 32:1 – 36:43
Va-ieshev	G'vura de G'vura	Gen. 37:1 – 40:23
Mikets	Tiferet de G'vura	Gen. 41:1 – 44:17
Va-igash	Netsah de G'vura	Gen. 44:18 – 47:27
Va-eihi	Hod de G'vura	Gen. 47:28 – 50:26
Shemot	Iessod de G'vura	Ex. 1:1 – 6:1
Va-era	Mal'hut de G'vura	Ex. 6:2 – 9:35

Bo	Hessed de Tiferet	Ex. 10:1 – 13:16
Be-shalah	G'vura de Tiferet	Ex. 13:17 – 17:16
Itro	Tiferet de Tiferet	Ex. 18:1 – 20:26
Mishpatim	Netsah de Tiferet	Ex. 21:1 – 24:18
Teruma	Hod de Tiferet	Ex. 25:1 – 27:19
Tetsavé	Iessod de Tiferet	Ex. 27:20 – 30:10
Ki Tissa	Mal'hut de Tiferet	Ex. 30:11 – 34:35
Vaiakel-Pekude	Hessed de Netsah	Ex. 35:1 – 40:38
Vaikra	G'vura de Netsah	Lev. 1:1 – 5:26
Tsav	Tiferet de Netsah	Lev. 6:1 – 8:36
Shemini	Netsah de Netsah	Lev. 9:1 – 11:47
Tazria-Metsora	Hod de Netsah	Lev. 12:1 – 15:33
Acharei-Kedoshim	Iessod de Netsah	Lev. 16:1 – 20:27
Emor	Mal'hut de Netsah	Lev. 21:1 – 24:23
Behar-Behukotai	Hessed de Hod	Lev. 25:1 – 27:34
Bamidbar	G'vura de Hod	Num. 1:1 – 4:20
Naso	Tiferet de Hod	Num. 4:21 – 7:89
Be'alotecha	Netsah de Hod	Num. 8:1 – 12:16
Sh'lach	Hod de Hod	Num. 13:1 – 14:41
Korach	Iessod de Hod	Num. 15:1 – 18:32
Chukat	Mal'hut de Hod	Num. 19:1 – 22:1
Balak	Hessed de Iessod	Num. 22:2 – 25:9
Pinchas	G'vura de Iessod	Num. 25:10 – 30:1
Matot-Massei	Tiferet de Iessod	Num. 30:2 – 36:13
Devariam	Netsah de Iessod	Deut. 1:1 – 3:22
Va-et'chanan	Hod de Iessod	Deut. 3:23 – 7:11
Ekev	Iessod de Iessod	Deut. 7:12 – 11:25
Re'é	Mal'hut de Iessod	Deut. 11:26 – 16:17

Shoftim	Hessed de Mal'hut	Deut. 16:18 – 21:9
Ki Tetsé	G'vura de Mal'hut	Deut. 21:10 – 25:19
Ki Tavo	Tiferet de Mal'huT	Deut. 26:1 – 29:8
Nitsavim	Netsah de Mal'hut	Deut. 29:9 – 30:20
Va-ielech	Hod de Mal'hut	Deut. 31:1 – 31:30
Ha'azinu	Iessod de Mal'hut	Deut. 32:1 – 32:52
Ve-zot Bracha	Mal'hut de Mal'hut	Deut. 33:1 – 34:12

Impressão e Acabamento:
EDITORA JPA LTDA.